Condenado por genocidio

Este volumen recoge fragmentos de la sentencia condenatoria que en contra de José Efraín Ríos Montt dictó el Tribunal Primero de Sentencia Penal, Narcoactividad y Delitos contra el Ambiente, integrado por los magistrados Iris Yassmín Barrios Aguilar (juez presidenta), Patricia Isabel Bustamante García (juez vocal) y Pablo Xitumul de Paz (juez vocal).

Condenado por genocidio

Sentencia condenatoria en contra de
José Efraín Ríos Montt
(fragmentos)

Tribunal Primero de Sentencia Penal, Narcoactividad y Delitos contra el Ambiente

CONDENADO POR GENOCIDIO

SENTENCIA CONDENATORIA EN CONTRA DE JOSÉ EFRAÍN RÍOS MONTT (FRAGMENTOS)

F&G editores

Condenado por genocidio
Sentencia condenatoria en contra de
José Efraín Ríos Montt
(fragmentos)
Tribunal Primero de
Sentencia Penal, Narcoactividad
y Delitos contra el Ambiente

Primera edición

Diseño de portada: F&G Editores.
Foto de portada: Javier Mosquera Saravia.

Impreso en Guatemala
Printed in Guatemala

F&G Editores
31 avenida "C" 5-54, zona 7
Colonia Centro América
Guatemala, Guatemala
Telefax: (502) 2439 8358 y (502) 5406 0909
informacion@fygeditores.com
www.fygeditores.com

ISBN: 978-9929-552-71-5

Guatemala, junio de 2013

Contenido

Presentación

El 10 de mayo de 2013 el Tribunal Primero de Sentencia Penal, Narcoactividad y Delitos contra el Ambiente condenó a José Efraín Ríos Montt a 80 años de cárcel, luego de encontrarlo culpable de los delitos de genocidio y delitos contra los deberes de humanidad.

Diez días después la Corte de Constitucionalidad, en una resolución que especialistas calificaron de ilegal, anuló el proceso y la sentencia condenatoria.

Con el objetivo de contribuir al debate jurídico y al conocimiento de la historia reciente de Guatemala es que se realiza esta publicación. También, es preciso decirlo, ante la incertidumbre del juicio a José Efraín Ríos Montt y Mauricio Rodríguez Sánchez, este volumen es un homenaje a las víctimas de la violencia estatal en Guatemala y un reconocimiento a los testigos, sin cuya persistencia y valentía este proceso no hubiese sido posible.

Los fragmentos que se publican en este libro son un intento por rescatar los aspectos más relevantes de la sentencia, de más de 700 folios. Por razones de espacio, hemos omitido las partes relativas a los testimonios y peritajes.

La segunda parte de este libro incluye la sentencia de la Corte de Constitucionalidad que anuló el proceso, y los votos razonados de los magistrados que se opusieron a dicha resolución.

Primera parte
Sentencia del Tribunal Primero de Sentencia Penal, Narcoactividad y Delitos contra el Ambiente

C-01076-2011-00015 OF.2°. TRIBUNAL PRIMERO DE SENTENCIA PENAL, NARCOACTIVIDAD Y DELITOS CONTRA EL AMBIENTE. GUATEMALA DIEZ DE MAYO DE DOS MIL TRECE.

En nombre del Pueblo de la República de Guatemala este Tribunal dicta sentencia en el proceso que se sigue a JOSÉ MAURICIO RODRÍGUEZ SÁNCHEZ Y JOSÉ EFRAÍN RÍOS MONTT, por los delitos de: 1) GENOCIDIO, Y 2) DELITOS CONTRA LOS DEBERES DE LA HUMANIDAD EN CONCURSO REAL.

La acusación está a cargo del Ministerio Público quien actúa a través del AGENTE FISCAL ORLANDO SALVADOR LÓPEZ. DE LA QUERELLANTE ADHESIVA: ASOCIACIÓN PARA LA JUSTICIA Y RECONCILIACIÓN a través de su Representante Legal BENJAMÍN MANUEL JERÓNIMO. ABOGADOS DIRECTORES: 1) EDGAR FERNANDO PEREZ ARCHILA Y 2) SANTIAGO CHOC CUC. DE LA QUERELLANTE ADHESIVA: CENTRO PARA LA ACCIÓN LEGAL EN DERECHOS HUMANOS a través de su Coordinador Jurídico y Representante Legal JUAN FRANCISCO SOTO FORNO. ABOGADO DIRECTOR: 1) HÉCTOR ESTUARDO REYES CHIQUÍN Y 2) FRANCISCO MARTIN VIVAR CASTELLANOS. La defensa del procesado JOSÉ MAURICIO RODRÍGUEZ SÁNCHEZ está a cargo de los ABOGADOS MOISES EDUARDO GALINDO RUIZ, CESAR SAUL CALDERON DE LEON Y FRANCISCO JOSÉ PALOMO TEJEDA, OTTO HAROLDO RAMIREZ VASQUEZ; la defensa del procesado JOSÉ EFRAÍN RÍOS MONTT está a cargo de los ABOGADOS FRANCISCO GARCIA GUDIEL, GONZALO DANILO RODRÍGUEZ GALVEZ, MARCO ANTONIO CORNEJO MARROQUIN; como Consultor Técnico JUAN ERNESTO HERRARTE.

I) Identificación de los procesados

1. José Efraín Ríos MOntt, nació el dieciséis de junio de mil novecientos veintiséis. Originario de Huehuetenango. Hijo de Antonio Ermógenes Ríos Castilla y Consuelo Montt de los Ángeles. Militar jubilado, llegó al grado militar de General de Brigada. Estuvo sesenta años en el Ejército. Casado. Tiene tres hijos. Con residencia en segunda calle "A" trece guión setenta y siete zona quince, Indicó que le corresponde la cédula de vecindad fue extendida en Guatemala [sic]. Había sido juzgado en otros Tribunales. Conoce al acusado José Mauricio Rodríguez Sánchez por relación profesional.
2. José Mauricio Rodríguez Sánchez, de sesenta y siete años de edad. Nació el dos de mayo de mil novecientos cuarenta y cinco. Originario de Asuncion Mita, Jutiapa. Militar jubilado. Se jubiló en el mes de enero de mil novecientos noventa y seis. Trabajó treinta y dos años como militar. Con residencia en segunda calle siete guión setenta zona

diecisiete Colonia Lourdes. Indicó que le corresponde la cédula de vecindad número de orden U veintidós y de registro quince mil cuatrocientos veintinueve, extendida en Asunción Mita, Jutiapa. Casado con Zulema René Paz Barranco de Rodríguez. No había sido juzgado anteriormente. Conoce al acusado José Efraín Ríos Montt por relación profesional.

II) ENUNCIACIÓN DE LOS HECHOS QUE HAYAN SIDO OBJETO DE LA ACUSACIÓN O DEL AUTO DE APERTURA DEL JUICIO

1) ACUSADO JOSÉ MAURICIO RODRÍGUEZ SÁNCHEZ:

"Porque usted, JOSÉ MAURICIO RODRÍGUEZ SÁNCHEZ, en su calidad de Jefe de la Segunda Sección del Estado Mayor General del Ejército posteriormente Estado Mayor de la Defensa Nacional, cargo que desempeñó, durante el periodo comprendido del 23 de marzo de 1982 al 31 de julio de 1983, durante el tiempo que ejerció dicho cargo, contribuyó a diseñar, ejecutar y supervisar dentro de su campo funcional, la inteligencia militar, el cumplimiento de la política contrainsurgente, entre otras acciones realizó las siguientes:

1. Dio continuidad a la política contrainsurgente implementada por los gobiernos de Guatemala, mediante actos de: coordinación, planificación, así como la supervisión para la realización de operaciones dirigidas en contra de comunidades civiles, entre ellas, miembros del grupo étnico

maya ixil, aún y cuando fueran población civil no combatiente, por considerar falazmente que éstos constituían: base social, fuente de alimentación, cantera de reclutamiento y lugar de refugio para la guerrilla que operaba en los municipios de Santa María Nebaj, San Juan Cotzal y San Gaspar Chajul, del departamento de El Quiché.

2. Elaboró los estudios metodológicos o apreciaciones de inteligencia, así como los planes de inteligencia y contra-inteligencia, que indujeron al Alto Mando y al Estado Mayor del Ejército de Guatemala el desarrollo de estrategias y operativos para el control poblacional, en especial para el manejo de amnistiados, desplazados y refugiados; así como de capturados e interrogatorios para los mismos.
3. Como resultado de sus estudios metodológicos de su campo funcional plasmados, entre otros documentos en sus apreciaciones de inteligencia, caracterizó falazmente en los planes de campaña como enemigo interno a población civil no combatiente, en la que incluyó entre otros a colaboradores y simpatizantes, dentro de los cuales se encontraban particularmente miembros del grupo étnico maya ixil, por su condición étnica y cultural.
4. Dotó de información, efectuó las apreciaciones, planteó las conclusiones de sus estudios y en algunos casos proporcionó las recomendaciones correspondientes a la inteligencia indispensable a los mandos designados e involucrados para la ejecución de las acciones militares, tanto a nivel nacional, como los relacionados al área ixil para los municipios de Santa María Nebaj, San Juan Cotzal y San Gaspar Chajul, en los cuales sin

fundamentos verídicos se señaló a sus pobladores como enemigos del Estado.

5. Formuló estudios relacionados con el campo funcional de inteligencia; los cuales se refieren en lo esencial, a la situación de las fuerzas insurgentes, de sus bases de apoyo en la población, ubicación de núcleos de población supuestamente simpatizantes de la guerrilla, entre los cuales incluyó sin las evidencias reales requeridas ni certeza indispensable a la población ixil, así como del clima y del terreno donde se accionaría y sobre la manera de cómo enfrentarlas con éxito, a nivel nacional y local, entre ellas, las relacionadas con el área ixil.
6. Elaboró y actualizó los análisis de la apreciación de inteligencia con el fin de evaluar el dispositivo, composición y fuerza disponible por cada núcleo del enemigo, incluyendo a los grupos alzados en armas que operaban en cada lugar del país, la población de apoyo y simpatizantes según las hipótesis de Inteligencia Militar, señalando en sus apreciaciones las posibilidades del supuesto enemigo que operaba particularmente en el área ixil en los municipios de San Juan Cotzal, Santa María Nebaj y San Gaspar Chajul del departamento de El Quiché, a la cual subjetivamente caracterizó como enemigo interno, a pesar de ser población civil no combatiente, lo cual resultaba evidente al analizar los resultados de los innumerables operativos militares y masacres, en que no se encontraron, armas, explosivos, etc., así como tampoco, personal con evidente adiestramiento de combate.

Las acciones antes indicadas las realizó con conocimiento, al momento mismo en que sucedían los operativos que las unidades militares, comisionados militares y patrulleros de autodefensa civil las ejecutaban, tanto a nivel nacional y, en especial en los municipios ya indicados. Dicho conocimiento lo obtuvo interactuando y a través del Centro de Operaciones Conjuntas (COC) lo cual le permitía redefinir los planes de inteligencia que caracterizaron a la población civil no combatiente como enemigo interno dentro de la cual se encontraba la población maya ixil, pudiendo haber coadyuvado a detener las masacres sobre poblaciones indefensas, investigar los resultados y sancionar los excesos que se estaban produciendo en la realidad bajo el pretexto de la aplicación de los planes de campaña y de los planes de operaciones derivados de estos planes de campaña.

Las expresiones culturales externas como el traje típico y el idioma se convirtieron, también, en una amenaza real para la vida, integridad y sobrevivencia de mujeres y hombres pertenecientes al grupo étnico maya ixil, aún y cuando fuese reiteradamente evidente que era población civil no combatiente; pues, los documentos militares mencionados, fueron la base para inducir e institucionalizar, los operativos militares en contra de este grupo étnico durante la época en que ejerció el cargo referido.

Los estudios y la información recolectada, analizada, transformada en conclusiones de inteligencia militar y proporcionada por usted a las comandos de la fuerza operativa en todas los niveles institucionales, sustentaron la política contrainsurgente predominante. Dichas conclusiones de inteligencia, muchas veces falaces, tergiversadas y tendenciosas fundamentalmente generaron las condiciones para que se desarrollaran acciones militares orientadas a producir la muerte de miembros del grupo étnico maya ixil (mujeres, niños (as), anciano (as) y hombres), violaciones sexuales, desapariciones forzadas, tratos crueles, inhumanos y degradantes, saqueos, desplazamiento de personas adultas y niños (as), creó las condiciones propicias que pudieron haber causado la destrucción de los miembros del grupo, quema de cosechas, entre otros, todo lo anterior, producto de las masacres selectivas y colectivas efectuadas, la persecución a la cual fueron sometidos los pobladores, mediante bombardeos y el control poblacional implementado en la región.

Con tales conductas, usted no solamente actuó directamente en contra del grupo étnico maya ixil, sino además, omitió el deber que le imponía el ordenamiento jurídico de garantizar el goce de los derechos a todos los habitantes de la República sin distinción alguna, reconocidos por el Estatuto Fundamental de Gobierno, y en cumplimiento de las obligaciones asumidas por el Estado al incorporar al derecho nacional, instrumentos internacionales de Derechos Humanos y de Derecho Internacional Humanitario.

A partir de los estudios de inteligencia, desarrollados bajo su mando y del dominio sobre el actuar de los oficiales S-2 y por ende de las patrullas de autodefensa civil y los Comisionados Militares, se instituyó en la población ixil una red de inteligencia estatal militarizada, que estaba orientada a:

a) Proporcionar reiteradamente información errada de inteligencia militar basada en falacias que resultaban fundamentales para la elaboración de los planes de campaña y de operaciones para el área ixil, cuyos miembros fueron considerados falazmente enemigos internos aún y cuando evidentemente fueran población civil no combatiente y absolutamente indefensa ante un ataque militar.

b) Materializar por medio de operaciones militares, la destrucción física y cultural de los miembros pertenecientes al grupo maya-ixil, aún y cuando en la realidad fueran población civil no combatiente.

Las acciones ejecutadas por usted, fueron fundamentales para orientar la planificación e inducir en la concepción o diseño y ejecución de operativos militares, entre los cuales se incluyó operaciones en contra de la población maya ixil, que tuvieron como consecuencia como mínimo los siguientes resultados: 11 masacres en los municipios de Santa María Nebaj; San Juan Cotzal y San Gaspar Chajul; 44 casos de muertes violentas en los municipios de Santa María Nebaj, San Juan Cotzal y San Gaspar Chajul; así como 17 casos de personas muertas a causa de las condiciones creadas por soldados del Ejército de Guatemala y patrullas de autodefensa en los municipios de Santa María Nebaj, San Juan Cotzal y San Gaspar Chajul. Dando un mínimo de 267 víctimas mortales de población civil no combatiente de la etnia maya ixil exhumadas e identificadas. Asimismo, el desplazamiento de al menos 29 mil personas; el traslado de niños y adultos del grupo étnico maya ixil a otro grupo étnico y campamentos de atención de desplazados, refugiados y amnistiados donde fueron forzados a vivir en una realidad cultural diferente y; al menos 5 casos de mujeres ixiles violadas por soldados del Ejército de Guatemala.

A partir de los Informes Periódicos de Inteligencia (IPI) que quincenalmente le remitían las zonas militares, entre ellas la de El Quiché, al ser analizados debieron reflejar evidentemente un notorio desequilibrio entre la cantidad de guerrilleros previstos en sus estudios (muertos o capturados) y de armamento recuperado, en comparación a la cantidad absolutamente superior de muertos y heridos de población civil no combatiente, entre ellos hombres y mujeres, niños y niñas, ancianos, ancianas y madres gestantes. Como resultado del análisis de dichos informes; usted pudo haber evitado y/o hacer cesar las acciones militares llevadas a cabo por miembros del Ejército de Guatemala en contra del grupo étnico maya-ixil cuya población era no combatiente.

En ese marco, las acciones y conclusiones establecidas por usted, fueron determinantes para que miembros del Ejército de Guatemala, Comisionados Militares y miembros de las patrullas de autodefensa civil dirigieran ataques en contra de la población civil no combatiente, dentro de ellos a las del grupo étnico maya ixil, las cuales consistieron como mínimo en:

A. De los hechos relacionados al delito de genocidio

Las acciones ejecutadas por usted, así como los operativos militares ejecutados bajo su supervisión y coordinación, conforme a lo establecido en la planificación respectiva, contribuirían, si no totalmente, de forma parcial a la eliminación del grupo étnico maya ixil.

Tal intención se pone de manifiesto no solamente por el contenido de los planes de campaña y planes operativos vigentes durante la fecha, sino por la forma en que los miembros del Ejército de Guatemala, comisionados militares y patrulleros de autodefensa civil ejecutaron los operativos militares, supervisados y coordinados por usted.

Las expresiones culturales externas come el traje típico y el idioma se convirtieron, también, en una amenaza real para la vida, integridad y sobrevivencia de mujeres y hombres pertenecientes al grupo étnico maya ixil, aún y cuando fuese población civil no combatiente; pues, los documentos militares mencionados, fueron la base para institucionalizar, durante la época en que ejerció los cargos de Jefe del Estado Mayor General del Ejército y Jefe del Estado Mayor de la Defensa Nacional, los operativos militares en contra de este grupo étnico. Documentos que sustentaron la política contrainsurgente predominante cuando sucedieron los hechos descritos en esta acusación.

Sus apreciaciones y estudios de inteligencia generaron las condiciones para que se desarrollaran acciones militares orientadas a producir la muerte de miembros del grupo étnico maya ixil (mujeres, ninos(as), ancianas(as) y hombres, violaciones sexuales, desapariciones forzadas, tratos crueles, inhumanos y degradantes, saqueos, desplazamiento de personas adultas y niños(as), creó las condiciones propicias para la destrucción que pudieron haber causado la destruccón de los miembros del grupo, quema de cosechas, entre otros, todo lo anterior, producto de las masacres selectivas y colectivas efectuadas, la persecución a la cual fueron sometidos los pobladores, mediante bombardeos y el control poblacional implementado en la región.

Con tales conductas, usted no solamente actuó directamente en contra del grupo étnico maya ixil, sino además, omitió el deber que le imponía el ordenamiento jurídico de garantizar el goce de los derechos a todos los habitantes de la República sin distinción alguna, reconocidos por el Estatuto Fundamental de Gobierno, y, en cumplimiento de las obligaciones asumidas por el Estado al incorporar al derecho nacional, instrumentos internacionales de Derechos Humanos y de Derecho Internacional Humanitario.

Las acciones ejecutadas por la Fuerza de Tarea Gumarcaj, la cual fue convertida en la Zona Militar número 20 de Santa Cruz del Quiché; el primer batallón de paracaidistas de la Base Militar de Tropas Paracaidistas, General Felipe Cruz y la Brigada Militar Guardia de Honor; apoyada y en coordinación con la Zona Militar Mariscal Gregorio Solares número 19 de Huehuetenango, la Brigada Militar General Manuel Lizandro Barillas de Quetzaltenango y, la Fuerza Aérea Guatemalteca, así como comisionados militares y patrulleros de autodefensa civil en contra del grupo étnico maya ixil asentado en los municipios de Santa María Nebaj, San Gaspar Chajul y San Juan Cotzal del departamento de El Quiché consistieron, como mínimo, en:

- Ejecuciones selectivas en las que se dio muerte [a] miembros del grupo étnico maya ixil ya sea en forma individual o colectiva.
- Masacres selectivas e indiscriminadas dirigidas en contra de miembros del grupo étnico maya ixil.
- Destrucción y quema de las aldeas que habían sido abandonadas por los pobladores del grupo étnico maya ixil.
- Bombardeos a comunidades o áreas en las que se refugiaban los miembros del grupo étnico maya ixil que se habían visto forzados a desplazarse, lo cual incluyó lugares sagrados.

- Desapariciones forzadas de miembros del grupo étnico maya ixil.
- Violaciones sexuales individuales y colectivas de mujeres pertenecientes al grupo étnico maya ixil.
- Sometimiento a interrogatorios bajo tortura a miembros del grupo étnico maya ixil que fueron capturados o por sospecha de colaborar con la guerrilla.
- Concentración de los miembros del grupo étnico maya ixil en los campamentos de atención a refugiados, desplazados y amnistiados.
- Saqueo de bienes, quema de casas y de cosechas, matanza y robo de animales, así como, elementos materiales propios de la cultura maya ixil.
- Persecución de miembros del grupo étnico maya ixil durante el desplazamiento.
- Operaciones de rastreo con el objeto de identificar las áreas de refugio a fin de capturar y/o ejecutar a miembros del grupo étnico maya ixil.
- Control y cerco de las comunidades desplazadas impidiendo el acceso a alimentos y medicamentos básicos para la subsistencia de los miembros del grupo étnico maya ixil.
- Sometimiento a servidumbre de mujeres y hombres pertenecientes al grupo étnico maya ixil.

Tales actos se materializaron, en el marco de la "guerra contrasubversiva".

En la cual usted institucionalizó los planes que contemplaban el aniquilamiento de la guerrilla y organizaciones paralelas, aún y cuando fuesen población civil no combatiente.

Así los miembros del grupo étnico maya ixil fueron atacados reiteradamente a lo largo del conflicto armado interno a partir de actos de represión selectiva, masiva y actos de control de la población sobreviviente, esta última, con el fin de captar, manejar, reeducar e incorporar a los miembros del grupo bajo la concepción del modo nacional sustentado por el Ejército de Guatemala.

Los hechos de que fue víctima el grupo étnico maya ixil, fueron producto de la visión racista del Ejército de Guatemala y por ello, uno de los objetivos perseguidos en los campamentos para refugiados, desplazados y amnistiados fue la de reeducarles y militarizarles, aspectos que necesariamente impactaron en las personas individuales como en la colectividad de este grupo étnico. De las acciones militares desplegadas en contra del grupo étnico maya ixil, resulta difícil, aún en la actualidad, cuantificar de forma precisa el número exacto de víctimas por cada hecho. Pues este bien jurídico tutelado es de carácter colectivo bastando, en consecuencia, la acreditación de la magnitud del daño producido al grupo étnico como tal. Y producto de la investigación efectuada se ha logrado precisar e identificar a una cantidad mínima de víctimas producto de las acciones ejecutadas directamente por usted y las fuerzas militares del Ejército de Guatemala, siendo éstas las siguientes:

A.1 Muertes de miembros del grupo étnico maya ixil

Respecto a las muertes de miembros del grupo, la Comisión para el Esclarecimiento Histórico estima que durante el periodo en el cual usted ejerció los cargos indicados, producto de los operativos militares efectuados baja su supervisión y coordinación, y con base en la planificación respectiva, se dio muerte a un mínimo de un mil setecientas setenta y un personas, pertenecientes al grupo étnico maya ixil. De esa cantidad, han sido individualizados un mínimo de doscientas sesenta y siete víctimas mortales de población civil no combatiente de la etnia maya ixil.

Las víctimas pertenecientes al grupo étnico maya ixil, que han sido identificadas y exhumadas durante el periodo en que el acusado ejerció los cargos referidos, corresponden, como mínimo, a los operativos desplegados en:

1. Canaquil. En la aldea Canaquil, Santa María Nebaj, Quiché, el 25 de marzo de 1982, soldados del Ejército de Guatemala, dieron muerte como mínimo a Jacinta Raymundo Vicente y/o Jacinta Raimundo Vicente, Pedro Raymundo Cedillo, Francisco Cedillo Raymundo, Pedro Cedillo Raymundo y/o Pedro Cedillo Raimundo, Francisco Bernal, Petrona Guzaro Raymundo y/o Petrona Guzaro, Pedro Bernal Guzaro, Andrés Bernal Guzaro y/o Andrés Bernal Gusaro, Ana Chávez Bernal y/o Ana Chávez, Petrona Bernal, María Chávez, Jacinta (sin más datos), Jesús Láinez Chávez, Magdalena de León, Feliciana Láinez de León, Catalina Lainez de León, Rafael Tipaz Chávez, Tomás Tipaz Chávez, Elena Tipaz Chávez, Minga Tipaz Chávez, Elena Santiago Chávez, Tomás Santiago Chávez, Jacinta Santiago Chávez, Elena Raymundo, María Chávez Raymundo, Francisco de Paz Raimundo, Pedro de Paz Raimundo, Catarina Láines Cobo, Ana Chávez Raymundo, Feliciana Láines Matóm y Tomás Cedillo y/o Tomas Sedillo.

2 Chel. En la aldea Chel, San Gaspar Chajul, Quiché, el 3 de abril de 1982, soldados del Ejército de Guatemala, dieron muerte como mínimo a María Santiago, Pedro Caba Pacheco, Rosa Caba Santiago, Ana Caba Santiago, Pedro Pacheco Ijom, María Bop, Manuela Pacheco Bop, Ana Pacheco Bop, Ana Pacheco Bop, Juana Pacheco Bop, Juan Pacheco Bop, Pedro Pacheco Ramirer, Gaspar Laynes, Silvestre Caba, Sebastián Pacheco, María Escobar, María Raymundo, Nicolás Puente, Pedro Mendoza, Antonio Mendoza Asicona, Marcos Mendoza, Rosa Caba Ijom, Jacinta Yula, Rosa Caba, María Mendoza, Ana Asicona, Marta Mendoza Pacheco, Pablo Caba Ijom, Marcos Mendoza Solano, María Santiago, Pedro Mendoza Pacheco, María Mendoza Pacheco, Rosa Pacheco Bi, Juana Pacheco, María Raymundo, María Mendoza Pacheco, Tomas Mendoza Solano, Bartolomé Ramirez, María Bop, Pedro Pacheco Ijom, Manuela Pacheco Bop, nonato de aproximadamente 7 a 8 meses posible madre María Bop, nonato de aproximadamente 8 meses y medio a 9 meses y medio posible madre Catarina o Catalina Laines, Catarina o Catalina Laines; y 35 osamentas sin identificar.

3. Villa Hortensia Antigua. En la aldea Villa Hortensia Antigua; San Juan Cotzal; Quiché, el 22 de mayo de 1982, soldados del Ejército de Guatemala y patrulleros de autodefensa, dieron muerte, como mínimo, a Elena Maldonado Lux, Elena Vasquez Cardona, María Caba, Teresa López, Fabián Pinula Vicente, Juana Lux, Pedro Barrera, Gaspar Barrera y José Vásquez Mateo, a quienes les dispararon con arma de fuego. Así mismo, se detuvo a Manuela Vásquez Mateo, Pedro Canta Lux,

Manuel Yon y Catarina Pacheco, a quienes hasta el momento se desconoce su paradero y se ha negado información a sus familiares.

4. Pexla Grande. En la aldea Pexla Grande, Santa María Nebaj, Quiché, el 2 de junio de 1982, soldados del Ejército de Guatemala, dieron muerte, como mínimo, a Miguel Ramírez Santiago, Ana Guzmán Brito quien se encontraba en estado de gestación, Petrona Guzmán Marcos y María Ramirez Guzmán mediante heridas de arma de fuego y otras causas.
5. San Francisco Javier. En la aldea San Francisco Javier, Santa María Nebaj, Quiché, el 14 de agosto de 1982, soldados del Ejército de Guatemala, dieron muerte, como mínimo, a Juana Velasco Ceto, Juana Bacá y/o Juana Ceto Bacá, María Velasco Ceto, María Marroquín, María Velasco Marroquín, Juan Velasco Marroquín, Margarita Velasco Rivera, Juan Velasco Marroquín; mediante disparos con arma de fuego y golpes.
6. Chuatuj. En la aldea Chuatuj, Santa María Nebaj, Quiché, el 28 de agosto de 1982, soldados del Ejército de Guatemala y patrulleros de autodefensa, dieron muerte, como mínimo, a Pascual Ajanel Cuyuch, Diego Pérez Calel, Pedro Pérez Pastor y/o Pedro Pastor Pérez, Marta Ajanel Ordónez y un menor de edad de aproximadamente 20 días de nacido; mediante golpes.
7. Sajsiban. En la aldea Sajsiban, Santa María Nebaj; Quiché, el 4 de noviembre de 1982, soldados del Ejército, procedieron a rodear la casa de la familia Chávez Brito dándole muerte, como mínimo, a Jacinta Brito, Elena Chávez Brito, Juana Chávez Brito, Catarina Chávez Brito, Feliciana Chávez

Brito, María Chávez Brito, Felipe Chávez Brito, Miguel Cháves Brito, Francisco Sánchez Chávez, Miguel Sánchez Chávez, Nicolás Meléndrez Brito y Miguel Sánchez, a quienes les golpearon, dispararon con arma de fuego y posteriormente quemaron.

8. Xecol. En el caserío Xecol, aldea Amajchel, San Gaspar Chajul, Quiché, el 20 de noviembre de 1982, soldados del Ejército de Guatemala dieron muerte, como mínimo, a Feliciana Brito de León, Jacinta Brito Brito, Magdalena Brito Brito, Antonio Brito Brito y Mario Jacinto Brito Brito y/o Jacinto Brito Brito.
9. Xesayi. En el caserío Xesayi, San Gaspar Chajul, Quiché, el 12 de abril de 1983, soldados del Ejército de Guatemala dieron muerte, como mínimo, a Rosa Caba, María Caba López, Ana Caba Mentes y/o Ana Caba Méndez, Pedro Bop Caba, Gaspar Raymundo, Catarina Morales, Magdalena Brito, Juan Bernal Morales, Miguel Bernal Morales, Magdalena Bautista Brito, Catarina Gallego Bernal, Pascual Bautista Raymundo, Argentina Cruz López, Catarina Bernal Cruz, Domingo Bernal Cruz, Juana Raymundo Raymundo, Antonia Caba, Ana Santiago Caba, Juana Caba, Antonia Caba, Ana Santiago Caba, Antonia Caba Pacheco, Gaspar Caba Santiago, Salvador López Caba, Pedro Caba López, María López, Gaspar Caba Mendoza, Catarina Caba, María Caba, Francisco Caba, Francisco Caba, Baltazar Raymundo, Isabel Mó, Gaspar Bop Canay, Domingo Bop Caba, Ana Mó, Juana Ijóm, Magdalena Ijóm Matóm, Ana Santiago Caba, María Santiago Caba, Antonio Santiago Caba, Juana Rivera, Juana Rivera, Juana Rivera, María

Santiago Raymundo, María López Escobar, Gaspar Bop Bop, Pascual Bautista Brito, Isabel Camay Caba, María del Barrio Caba o María Tervario Caba y María López Caba.

10. Sumal I. En el cerro Sumal, Santa María Nebaj, Quiché, el 12 de abril de 1983, soldados del Ejército de Guatemala dieron muerte, como mínimo, a David Mérida Hernández, María Hernández, Tiburcio Mérida Cano, Pedro Cano Herrera, Augusto Mérida, Rafaela Saucedo Galicia, Zenaida Herrera Velásquez; mediante disparos de arma de fuego, golpes en la cabeza y tórax.
11. Vijolóm III. En la aldea Vijolóm III, Santa María Nebaj, Quiché, durante marzo de 1982, soldados del Ejército de Guatemala dieron muerte a Pedro Rivera Cobo.
12. Xachmoxan. En la aldea Xachmoxan, San Gaspar Chajul, Quiché, el 3 de abril de 1982, soldados del Ejército de Guatemala dieron muerte, como mínimo, a Francisco Caba Brito, Andrés Caba Escobar y Rosa Caba Escobar.
13. Vatzpollí. En el lugar conocido como Vatzpollí, de la aldea Vipollí, San Gaspar Chajul, Quiché, el 10 de abril de 1982, soldados del Ejército de Guatemala, dieron muerte a Pedro Bop Asicona y/o Pedro Bop Aiscona, quemándolo y disparándole con arma de fuego.
14. Bí Chapyac. En el lugar conocido como Bí Chapyac, Santa María Nebaj; Quiché, el 15 de abril 1982, soldados del Ejército de Guatemala, dieron muerte a María Cruz Sánchez.
15. Villa Hortensia II. En la aldea Villa Hortensia II, San Juan Cotzal, Quiché, el 15 de abril de 1982, soldados del Ejército de Guatemala dieron muer-

te, como mínimo, a: Marta Matóm Velasco y/o Marta Matóm, Miguel Toma Matóm y Antonio Toma Mejía y/o Antonio Tomás Mejía, disparándoles con arma de fuego.

16. Vajila. En el lugar llamado Vajila, de la aldea Acul, Santa María Nebaj, Quiché, el 20 de abril de 1982, soldados del Ejército de Guatemala dieron muerte a Catarina Cedillo, quien falleció a causa de una explosión.
17. Tuqanal. En el lugar denominado Tuqanal, Santa María Nebaj, Quiché, durante mayo de 1982, soldados del Ejército de Guatemala, dieron muerte a Jacinto Pérez y Juana de León Santiago, disparándoles con arma de fuego.
18. Bicocol. En el lugar denominado Bicocol, aldea Villa Hortensia I, San Juan Cotzal, Quiché, el 10 de mayo 1982, soldados del Ejército de Guatemala y patrulleros de autodefensa, dieron muerte a Marcos Castro Canto y/o Marco Castro, estrangulándolo.
19. Tujolom. En la aldea Tujolom, Santa María Nebaj, Quiché, durante junio de 1982, soldados del Ejército de Guatemala, dieron muerte a Elena Sánchez.
20. Tujolom. En la aldea Tujolom, Santa María Nebaj, Quiché, durante junio de 1982, soldados del Ejército de Guatemala, dieron muerte a Pedro Sánchez, disparándole con arma de fuego.
21. Sumalito. En la aldea Sumalito, Santa María Nebaj, Quiché, el 5 de junio de 1982, soldados del Ejército de Guatemala, dieron muerte a Domingo Pérez y/o Domingo Pérez López, disparándole con arma de fuego.
22. Tujolom. En la aldea Tujolom, Santa María Nebaj, Quiché, el 18 de junio de 1982, soldados del

Ejército Guatemala, dieron muerte a Jacinto Raymundo, disparándole con arma de fuego.

23. Vajila. En el lugar denominado Vajila, aldea Acul, Santa María Nebaj, Quiché, el 20 de junio de 1982, soldados del Ejército de Guatemala, dieron muerte a Sebastián de Paz Pérez, mediante disparos de arma de fuego.
24. Tusibán. En el lugar conocido como Tusibán, aldea Quejchip, Santa María Nebaj, Quiché, el 22 de junio de 1982, soldados del Ejército de Guatemala, dieron muerte, como mínimo, a Bernardo Chávez, José Ceto, Pedro Ceto López y Magdalena Ceto López.
25. Tucalamá. En Tucalamá, de la aldea Vijolóm I, Santa María Nebaj, Quiché, durante julio de 1982 soldados del Ejército de Guatemala, dieron muerte, como mínimo, a Juana Rivera Rivera, Jacinto Raymundo Raymundo, Diego Raymundo Rivera y Magdalena Rivera Raymundo, con disparos de arma de fuego y armas blancas.
26. Kabtzé. En el lugar conocido como Kabtzé, Aldea Salquil Grande, Santa María Nebaj; Quiché, el 15 de julio de 1982, soldados del Ejército de Guatemala, dieron muerte, como mínimo, a Pedro López, Domingo López, Magdalena López, Pedro Raymundo y María Pérez.
27. Chuatuj. En la aldea Chuatuj, Santa María Nebaj, Quiché, el 17 de julio de 1982, soldados del Ejército de Guatemala, dieron muerte a Antonio Pérez Gonzáles, disparándole con arma de fuego.
28. Palop Chiquito. En la aldea Palop Chiquito, Santa María Nebaj, Quiché, a finales del mes de julio de 1982, soldados del Ejército de Guatemala,

dieron muerte a Diego Velasco, a quien ejecutaron disparando con arma de fuego.

29. Vatzsuchil. En la aldea Vatzsuchil, Santa María Nebaj, Quiché, a principios de septiembre de 1982, soldados del Ejército de Guatemala, dieron muerte a Juan Bernal, disparándole con arma de fuego.
30. Tu Captze. En el lugar llamado Tu Captze, aldea Parramos Grande, Santa María Nebaj, Quiché, el 2 de septiembre de 1982, soldados del Ejército de Guatemala, dieron muerte, como mínimo, a Jacinta Raymundo Ceto y sus hijos Tomás López Raymundo y Miguel López Raymundo, con arma de fuego.
31. Achba'ltxo. En el lugar denominado Achba'ltxo, de la aldea Vijolom III, Santa María Nebaj, Quiché, el 9 de septiembre de 1982, soldados del Ejército de Guatemala, dieron muerte a José Brito Sánchez.
32. Xolá. En el caserío Xolá, aldea Sajsiban, Santa María Nebaj, Quiché, 10 de septiembre de 1982 soldados del ejército de Guatemala, dieron muerte a Mateo Solís Cruz y a Francisco Raymundo Cruz, disparandoles con arma de fuego.
33. Chipal. En el lugar denominado Chipal, de la aldea Villa Hortensia II, octubre de 1982, soldados del Ejército de Guatemala, dieron muerte a Jacinto Chel, disparándole con arma de fuego.
34. Jolopxam. En el Cantón Jolopxam, Santa María Nebaj, Quiché, el 13 de septiembre de 1982, soldados del Ejército de Guatemala, dieron muerte, como mínimo, a Antonio Matóm, Diego de León Cobo, Pedro Marcos de León y Fermín Gallego Gallego.

35. Tu B'aj Mam. En el lugar llamado Tu B'aj Mam, aldea Sajsiban, Santa María Nebaj, Quiché, el 20 de septiembre de 1982, soldados del Ejército de Guatemala, dieron muerte a Magdalena Matóm Ramírez, con arma de fuego.
36. Vijolom III. En la aldea Vijolom III, Santa María Nebaj, Quiché, el 23 de septiembre de 1982, soldados del Ejército de Guatemala, dieron muerte a Sebastián Bernal y Cecilia Bernal, disparándoles con arma de fuego.
37. Visibacbitz. En la aldea Visibacbitz, Santa María Nebaj, Quiché, el 7 de octubre de 1982, soldados del Ejército de Guatemala, dieron muerte a Gaspar Ramos Raymundo, disparándole con arma de fuego.
38. Vatz Sumal II. En la aldea Vatz Sumal II, Santa María Nebaj, Quiché, el diez de octubre de 1982, soldados del Ejército de Guatemala, dieron muerte a Nicolás Rivera Pérez.
39. Xemanzana. En Xemanzana de la aldea Sajsiban, Santa María Nebaj, Quiché, el 15 de octubre de 1982, soldados del Ejército de Guatemala, dieron muerte a Pedro Santiago.
40. Xeo. En la aldea Xeo, Santa María Nebaj Quiché, el 15 octubre de 1982, soldados del Ejército de Guatemala dieron muerte a Diego Chel, disparándole con arma de fuego.
41. Vitzal. En el Cantón Vitzal, Santa María Nebaj, Quiché, el 21 de octubre de 1982, soldados del Ejército de Guatemala, dieron muerte a Jacinto Chel, disparándole con arma de fuego.
42. Vajila. En el lugar denominado Vajila, de la Aldea Acttl, Santa María Nebaj, Quiché, durante el mes de 25 octubre de 1982, soldados del Ejército de

Guatemala, dieron muerte, como mínimo, a Manuela Brito Corio y Manuela Rosenda Brito Corio, disparándoles con arma de fuego.

43. Trapichitos. En la aldea Trapichitos, Santa María Nebaj, Quiché, a finales del mes de octubre de 1982, soldados del Ejército de Guatemala, dieron muerte a Sebastián Cobo Rivera.
44. Vibajila. En el lugar denominado Vibajila, aldea Acul, Santa María Nebaj, Quiché, el 5 de noviembre de 1982, soldados del Ejército de Guatemala, dieron muerte a Juana Herrera Raymundo y/o Juana Herrera, disparándole con armas de fuego.
45. Tujolom. En la aldea Tujolom, Santa María Nebaj, Quiché, el 15 de diciembre de 1982, soldados del Ejército de Guatemala, dieron muerte a Andrés Brito Brito.
46. Batzchocola. En la aldea Batzchocola, Santa María Nebaj, Quiché, el 1 de enero de 1983, soldados del Ejército de Guatemala, dieron muerte a Jacinto Cobo y Francisco Raymundo.
47. Parramos Grande. En la montaña de la aldea Parramos Grande, Santa María Nebaj, Quiché, el quince de enero de 1983, soldados del Ejército de Guatemala, dieron muerte a Domingo Pérez.
48. Xe Belubal. En el caserío Xe Belubal, San Gaspar Chajul, Quiché, el 20 de febrero de 1983, soldados del Ejército de Guatemala, dieron muerte, como mínimo, a Diego Cobo, Miguel Ceto, Juan Cedilllo y Pedro Cobo, además de otras personas.
49. Vipecbalam. En la aldea Vipecbalam, Santa María Nebaj, Quiché, el 25 de febrero de 1983, soldados del Ejército de Guatemala, dieron muerte a María García y/o María García Chávez, disparándole con arma de fuego.

50. Vipecbalam. En la aldea Vipecbalam, Santa María Nebaj, Quiché, el 27 de febrero de 1983, soldados del Ejército de Guatemala, dieron muerte a Juan Raymundo Gómez, disparándole con arma de fuego.
51. Tujolom. En la aldea Tujolom, Santa María Nebaj, Quiché, durante el mes de abril de 1983, soldados del Ejército de Guatemala, dieron muerte a Andrés Sánchez.
52. Chapyac. En el cantón Chapyac, Santa María Nebaj; Quiché, el 8 de abril de 1983, soldados del Ejército de Guatemala, dieron muerte a Domingo Ceto Cruz.
53. Batzchocola. En la aldea Batzchocola, Santa María Nebaj, Quiché, el 19 de abril de 1983, soldados del Ejército de Guatemala, dieron muerte, como mínimo, a Magdalena Raymundo y Nicolas Cobo Raymundo.
54. Viucalvitz. En la aldea Viucalvitz, Santa María Nebaj, Quiché, el 25 de mayo de 1983, soldados del Ejército de Guatemala, dieron muerte a Baltazar Cuplay y/o Baltazar Cuplay Raymundo, disparándole con arma de fuego.
55. Santa Clara. En la aldea Santa Clara, San Gaspar Chajul, Quiché, el 14 de junio de 1983, soldados del Ejército de Guatemala, dieron muerte a Jacinto Itzep Utuy, disparándole con arma de fuego.
56. Chipal. En la aldea Chipal, San Juan Cotzal, Quiché, el 27 de abril de 1982, debido a las condiciones inhumanas creadas por soldados del Ejército de Guatemala, falleció Cirilo Ramírez Sales y/o Cirilo Ramírez Salas y/o Sirilo Ramírez Salas.
57. Tujolom. En la aldea Tujolom, Santa María Nebaj, Quiché, durante el mes de junio de 1982, a causa

de las condiciones inhumanas creadas por soldados del Ejército, falleció Petrona Brito Raymundo de siete meses de edad por enfermedad.

58. Tujolom. En la aldea Tujolom, Santa María Nebaj, Quiché, durante el mes de julio de 1982, debido a las condiciones inhumanas creadas por soldados del Ejército de Guatemala, falleció Francisco Rivera por enfermedad.
59. Tu Uchuch. En el paraje Tu Uchuch, de la aldea Acul, Santa María Nebaj, Quiché, el 22 de julio de 1982, a causa de las condiciones inhumanas creadas por soldados del Ejército de Guatemala, falleció Pedro Cuchil Sánchez.
60. Tu Uchuch. En el paraje Tu Uchuch, Aldea Acul, Santa María Nebaj, Quiché, el 30 de julio de 1982, a causa de las condiciones inhumanas creadas por soldados del Ejército de Guatemala, falleció Juan Marcos Raymundo de aproximadamente 30 días de nacido.
61. Vicalama. En la aldea Vicalama, Santa María Nebaj, Quiché, el 28 de agosto de 1982, a causa de las condiciones inhumanas creadas por soldados del Ejército de Guatemala, falleció Catarina de Paz.
62. Vatzsuchil. En la aldea Vatzsuchil, Santa María Nebaj, Quiché, el 25 septiembre de 1982, Francisco Bernal falleció, debido a las condiciones de existencia creadas por elementos del Ejército de Guatemala.
63. Visibal. En Visibal, Santa María Nebaj, Quiché, durante el mes de octubre de 1982, debido a las condiciones inhumanas creadas por soldados del Ejército de Guatemala, fallecieron Marcela Baten Perez y/o Marcela Báten Pérez, Ancelmo Alejandro

López Báten y/o Ancelmo Alejandro López Baten, Antonia López Baten y/o Tona López y Julia López Baten.

64. Tu Uchuch. En el paraje Tu Uchuch, Aldea Acul, Santa María Nebaj, Quiché, el 30 de octubre de 1982, debido a las condiciones inhumanas creadas por los soldados del Ejército de Guatemala, falleció Jacinta Velasco.
65. Sajsiban. En la aldea Sajsiban, Santa María Nebaj, Quiché, a finales de noviembre de 1982, debido a las condiciones inhumanas creadas por soldados del Ejército de Guatemala, fallecieron Diego Terraza Sánchez, Francisco Terraza Cruz, Rosa Terraza Cruz.
66. Xemanzana. En el cantón Xemanzana, aldea Quejchip, Santa María Nebaj, Quiché, durante diciembre de 1982, a causa de las condiciones inhumanas creadas por soldados del Ejército de Guatemala, falleció Teresa Cobo Matóm de cuatro años de edad.
67. Vipecbalam. En la aldea Vipecbalam, Santa María Nebaj, Quiché, durante el mes de marzo de 1983, debido a las condiciones inhumanas creadas por el Ejército de Guatemala, falleció Domingo Herrera Pérez.
68. Santa Clara. En la aldea Santa Clara, San Gaspar Chajul, Quiché, durante el mes de marzo de 1983, debido a las condiciones inhumanas creadas por soldados del Ejército de Guatemala, falleció Manuel Tiu Espinoza.
69. El Mirador. En las montañas de la aldea El Mirador, San Gaspar Chajul, Quiché, el 23 de abril de 1983, debido a las condiciones inhumanas creadas por soldados del Ejército de Guatemala, falleció

Antonia Carrillo y/o Antonia Carrillo Juan de seis años de edad.

70. Santa Clara. En la aldea Santa Clara, San Gaspar Chajul, Quiché, durante el mes de mayo de 1983, debido a las condiciones inhumanas creadas por soldados del Ejército de Guatemala, falleció María Itzep Atabal y/o María Itzep Akabal y/o María Itzep Acabal de cuarenta y seis años.
71. Santa Marta. En la aldea Santa Marta, Santa María Nebaj, Quiché, durante el mes de julio de 1985, debido a las condiciones inhumanas creadas por soldados del Ejército de Guatemala, falleció Margarita Raimundo y/o Margarita Raymundo.
72. Santa Clara. En la aldea Santa Clara, San Gaspar Chajul, Quiché, el 27 de julio de 1983, debido a las condiciones inhumanas creadas por soldados del Ejército de Guatemala, falleció Catarina Tojin Tum.

A.2 Lesiones que afectan gravemente la integridad física y mental de los miembros del grupo étnico maya ixil

En los operativos militares, además de dar muerte a los miembros del grupo en forma selectiva y/o masiva, durante el período en que el acusado ejerció los cargos referidos, las unidades militares continuaron ejecutando actos de violación sexual y tortura, bombardeos a las comunidades, destrucción y saqueo de bienes, así como persecución en los lugares de refugio, ocupación y destrucción de lugares sagrados para la cultura maya ixil. Además a las personas capturadas se les obligaba a vivir en campamentos para refugiados, desplazados y amnistiados, y a conformar patrullas de autodefensa civil mecanismos que produjeron una profunda división del grupo y con ello una merma sustancial en el mismo.

Resulta difícil precisar todas y cada una de las víctimas que fueron afectadas en forma individual, dado que los actos contra personas individuales y sus bienes, se efectuaron de forma concomitante o posterior a las masacres ejecutadas por las unidades militares.

Cabe resaltar que durante la época en la cual usted ejerció los cargos, se continuó ejecutando selectivamente a referentes sociales de la comunidad y afectando los elementos culturales mediante la destrucción u ocupación de lugares sagrados para la cultura maya ixil.

Por otra parte, los planes de campaña operativos elaborados y autorizados durante la época en que usted ejerció los cargos referidos anteriormente, a pesar de advertir los excesos de los miembros del Ejército de Guatemala, incluyen disposiciones referentes a garantizar a la tropa el acceso sexual de mujeres, de medios de diversión, así como el uso de "interrogatorios tácticos".

De lo anterior se evidencia que usted no solamente tenía conocimiento de los excesos cometidos por los miembros del Ejército de Guatemala, sino a la vez, contribuyó a institucionalizar estas prácticas a través de la planificación, supervisión y coordinación de los operativos militares, en los cuales, el límite para evitar la afectación de los derechos y libertades de los miembros del grupo étnico maya ixil fueron tolerados y hasta incentivados en los planes respectivos.

El Ministerio Público ha establecido que las acciones militares narradas a lo largo de esta acusación produjeron, un grave daño a los miembros del grupo en dos planos, a nivel colectivo o psicosocial y a nivel individual.

En el plano psicosocial, produjo la ruptura del tejido social, en ese marco se ha establecido, entre otras consecuencias para el grupo, la ruptura de las relaciones de confianza; la creación de vacíos de comunicación en el grupo ixil, en el cual la transmisión oral es de vital importancia; el silencio y la desconfianza a su vez han producido el aislamiento social en las familias y comunidades que retornaron de su desplazamiento, debido a la estigmatización de otras personas que se quedaron en las comunidades.

A nivel individual y psicológicamente, se ha establecido que las personas sobrevivientes de las masacres y otros actos, como la persecución o las condiciones inhumanas a las que fueron sometidos, padecen sintomatología de Estrés Postraumático, Duelo alterado, y enfermedades psicosomáticas y físicas.

Por otra parte, el Ministerio Público ha establecido que durante el periodo en que usted ejerció los cargos referidos, miembros del Ejército de Guatemala, en operativos selectivos, masivos y de persecución ejecutados bajo la supervisión, coordinación, planificación ordenada y autorizada por el procesado ejecutaron actos de violencia en contra de las mujeres por su condición de género.

Actos de esa naturaleza fueron cometidos por miembros del Ejército de Guatemala durante los operativos en los que se ejecutaron las masacres, en medio de las cuales concentraron a la población separando a los hombres de las mujeres, ancianas, adultas y niñas. A las mujeres pertenecientes al grupo étnico maya ixil se les obligaba a tener relaciones sexuales con los miembros del Ejército de Guatemala, en esas circunstancias, las mujeres que sufrieron esos abusos fueron asesinadas posteriormente. La violencia sexual en contra de las mujeres ixiles también fue cometida cuando eran capturadas en su huida y en los centros de detención militares.

Al igual que las otras acciones militares ya indicadas, la violencia sexual produjo daños a nivel colectivo o psicosocial y a nivel individual de mujeres miembros del grupo maya ixil. En el plano colectivo, la violencia sexual no solo afectó a las víctimas directas, sino que además proyectó un daño grave en la comunidad que considera a la mujer como un símbolo de la procreación y de trasmisión de la cultura. De tal manera que mancillar su dignidad significó dañar de manera grave la integridad del grupo étnico maya ixil.

En el plano individual, la violencia sexual tuvo una connotación distinta a otras violaciones a los derechos humanos, cometidas durante el conflicto armado, ya que éstas, tuvieron un enorme poder destructivo sobre las mujeres que la sufrieron, y conllevaron secuelas psicológicas muy negativas que permanecen en ellas mucho después que el hecho sucedió, y van más allá que las lesiones físicas.

Las violaciones sexuales de las mujeres que las sufrieron, provocaron en ellas, la estigmatización al interior de sus familias y de su entorno social y grupal.

Como muestra de los actos de violencia sexual ejercida en contra de mujeres pertenecientes al grupo étnico maya ixil, como mínimo durante el tiempo en el que usted ejerció el cargo, son las siguientes:

1. En la iglesia católica del municipio de San Juan Cotzal, el diecinueve de abril de mil novecientos ochenta y dos, soldados del Ejército de Guatemala, agredieron sexualmente a Juana Sánchez Toma.

2. En el Destacamento Militar de San Juan Cotzal, el quince de mayo de mil novecientos ochenta y dos, miembros del Ejército de Guatemala, agredieron sexualmente a Carmen Teresa Pérez López.
3. En el destacamento militar ubicado en la aldea Tzalbal, del municipio de Santa María Nebaj, el veintidós de mayo de mil novecientos ochenta y dos, miembros del Ejército de Guatemala, agredieron sexualmente a Elena de Paz Santiago.
4. En la aldea Juil, del municipio de San Gaspar Chajul, el veinticuatro de marzo de mil novecientos ochenta y dos, miembros del Ejército de Guatemala, agredieron sexualmente a Ana Pacheco Ramírez.
5. En el lugar denominado Cerro Cotzol, municipio de Santa María Nebaj, el veinte seis de julio de mil novecientos ochenta y tres, miembros del Ejército de Guatemala, agredieron sexualmente a Magdalena Matón Raymundo.

A.3 Sometimiento del grupo étnico maya ixil a condiciones de existencia que acarrearon su destrucción parcial

Producto de las características de los operativos militares ejecutados durante la época en la que usted ejerció los cargos referidos, los miembros del grupo étnico maya ixil, aún y cuando fueran población civil no combatiente, se vieron obligados a desplazarse a áreas de refugio con el objeto de preservar sus vidas.

El desplazamiento en un primer momento fue producto de las masacres selectivas o indiscriminadas que se ejecutaban, así como, por bombardeos efectuados a las comunidades. Posteriormente, como se muestra en los reportes de operaciones contenidos en el Plan de Operaciones Sofía se advierte que las unidades reportaban que al llegar a las comunidades los pobladores ya las han abandonado por temor a las acciones de las unidades militares.

Debido a las continuas incursiones militares la población se vio obligada a abandonar sus aldeas, por lo que la mayoría de éstas quedaron despobladas, lo que dio pie a constantes bombardeos a las áreas de refugio por parte del Ejército. Al ser bombardeadas sus áreas de refugio, la población se vio obligada a desplazarse en pequeños grupos que permitieron su rápido traslado, sin embargo, los constantes bombardeos agudizaron la peligrosidad en el traslado y sobrevivencia.

En las aldeas deshabitadas, miembros del Ejército de Guatemala arrasaron con ellas, destruyendo casas, cultivos, animales, ropa, herramientas de trabajo e instrumentos culturales, posteriormente realizaron barridas en los montes y montañas en los que destruyeron todo lo que encontraron a su paso, buscando a los sobrevivientes con la misión de capturarlos o eliminarlos y/o aniquilarlos, conforme a la planificación respectiva.

En el periodo del 24 de marzo de 1982 al 21 de octubre de 1983, se desplazaron, como mínimo, 29 mil personas pertenecientes al grupo étnico maya ixil que se vieron obligadas a desplazarse de sus comunidades. Al menos se ha verificado que las comunidades que se vieron obligadas a desplazarse para el municipio de Santa María Nebaj son:

Acul, Uchuch, Chortiz, Janlay, Tzalbal, Batzuchil, Xoloxche, Tu Chabuc, Parramos Grande, Salquil,

Vitzaa, San Francisco Javier, Quechip, Palop, Vijolom I, Vijolom II, Vicalama, Vivitz, Xeo, Tu Calama, Janlay, Cotzol, Xemamatze, Sumal, Xecotz, Cocop, Pulay, Río Azul, Xeucalvitz, Xonca, Trapichitos, Jacana, Sumalito y Batzchocola. Para el municipio de San Juan Cotzal las comunidades obligadas a desplazarse son: Villa Hortensia Antigua, Villa Hortensia I, Villa Hortensia II, San Felipe Chenla, Ojo de Agua, Asich, Xeputul 1, Kuul, Tichclap. Y para el municipio de San Gaspar Chajul las comunidades obligadas a desplazarse son: Xolcuay, Xix, Chajul, Visich, Ilom, Santa Marta, Sajsivan, Chel, Estrella Polar, Covadonga y Visich.

Lo cual da un total, como mínimo, de 54 comunidades del grupo étnico maya ixil desplazadas, lo cual los obligó a sobrevivir en condiciones infrahumanas que pudieron causar la destrucción física total o parcial de sus miembros, por los actos ejecutados por el Ejército de Guatemala que realizaron operativos durante el tiempo en que usted ejerció los cargos arriba mencionados.

El control militar en la región ixil consistía en la restricción del abastecimiento de alimentos, sal, azúcar, ropa y medicamentos. Los bombardeos, persecución, capturas, destrucción de medios de subsistencia, desapariciones, muertes individuales y colectivas, entre otras, produjeron desplazamientos masivos y de larga temporalidad dentro del territorio ixil, es decir, pese a las duras condiciones, las personas en su gran mayoría no abandonaron su territorio. Sin embargo, fueron obligadas a refugiarse en las montañas y serranías más alejadas, en donde se reagrupaban y reorganizaban según sus modos y costumbres propias del grupo, pedían permiso a los pobladores en los nuevos territorios de refugio ya habitados, quienes a su vez se organizaban para recibirlos y ubicarlos.

Los miembros del grupo étnico maya ixil fueron obligados a desplazarse y durante la persecución en las montañas cercadas por miembros del Ejército, sufrieron condiciones tales como hambre, desnutrición, enfermedades, falta de vestimenta y cobijo, además se les sometió a condiciones adversas capaces de causar su destrucción.

De lo anterior se advierte que la estrategia militar elaborada por usted, fue idónea y contribuyó a la destrucción del grupo maya étnico ixil, mediante el sometimiento a condiciones de existencia que puso en riesgo la vida e integridad física y psicológica de los miembros de dicho grupo.

A.4 Desplazamiento compulsivo de niños o adultos del grupo a otro grupo

Desde mayo de 1982, el Gobierno Militar decretó varias amnistías, durante estas se realizaron operaciones de barrida y captura de población civil no combatiente perteneciente al grupo étnico maya ixil, quienes fueron trasladados a los campamentos de refugiados, desplazados y amnistiados implementados por el Ejército de Guatemala, ordenados por usted en el Plan de Campaña Victoria 82, en los tres municipios de la región ixil.

Inicialmente, dichos campamentos se implementaron en el municipio de Santa María Nebaj en la aldea Xejalvinte, actualmente conocido como La Pista, en el cantón Xemamatze, y en la aldea Acul, lugares donde asimismo, se ubicaron destacamentos militares.

En el municipio de San Gaspar Chajul, se ubicaron en el cantón Vipatsnaj, lugar que ocupaba uno de los destacamentos militares y, en el municipio de San Juan Cotzal en el cantón Xolosinay, lugar donde se encontraba ubicado otro destacamento militar.

A estos campamentos fueron llevados muchos desplazados miembros del grupo étnico maya ixil, que eran capturados o aquellos que debido a la falta de vivienda, alimentos, medicamentos o servicios médicos no soportaron las condiciones a las cuales se vieron sometidos, por lo que se vieron obligados a entregarse al Ejército. Estas condiciones precarias e inhumanas, causaron la muerte de muchas personas por hambre, enfermedades, o como consecuencia de las inclemencias climáticas.

En los Campamentos de refugiados, desplazados y amnistiados se obligó a las personas concentradas a conformar las patrullas de autodefensa civil y con ello, contribuir a la represión de aquellos miembros de su propia cultura, desplazados, incluso con los que anteriormente habían convivido en los lugares de refugio.

Los miembros de las patrullas de autodefensa, eran obligados por miembros del Ejército de Guatemala a ejecutar sus tareas bajo amenazas de muerte, tratos inhumanos, crueles y degradantes.

La tarea de las patrullas de autodefensa civil consistía en hacer rondas de vigilancia y protección a las destacamentos, en servir de guía en el terreno a los militares, en destruir los bienes de la población civil no combatiente, en la realización de trabajos forzados como: dar alimentación a la tropa militar, en la construcción de carreteras, campamentos, casas y hasta el trabajo sin remuneración en las fincas locales.

En muchas ocasiones incluso eran obligados a detener, infligir tratos crueles, inhumanos y degradantes, llegando incluso a dar muerte a sus propios compañeros del grupo étnico maya ixil.

En los campamentos de refugiados, amnistiados y desplazados, las personas recibían entrenamiento militar, charlas de reeducación, imposición de nuevas formas de gobierno y de relación entre ellos, en muchos casos se impuso la adopción de nuevas prácticas culturales y religiosas, ajenas a su cosmovisión.

Debido a acciones como las indicadas, el grupo étnico maya ixil fue destruido culturalmente de manera parcial, fragmentándolo y confrontándolo entre quienes se refugiaron en las montañas y quienes fueron concentrados.

En cuanto al traslado de niños, la implementación de las operaciones militares trajo como consecuencia la captura sistemática de menores de edad del grupo étnico maya ixil, quienes posteriormente fueron concentrados en los campamentos para atención de refugiados, desplazados y amnistiados. Algunos de estos menores de edad fueron trasladados por soldados del Ejército de Guatemala fuera de su realidad cultural.

A.5 Medidas destinadas a impedir la reproducción de miembros de grupo

Los casos de violaciones masivas o indiscriminadas y públicas, documentados por la CEH superaron los 1465 casos y se registraron en mayoría en contra del grupo étnico maya ixil (88,7% de los casos según la CEH) de los cuales un tercio fueron niñas menores de edad, como una práctica común luego de la instalación de destacamentos militares y PAC. También se dieron acompañadas de la muerte de mujeres embarazadas y la destrucción de los fetos.

Varias mujeres testificaron sobre las violaciones sexuales sufridas bajo custodia, en los destacamentos militares, en sus propias casas y muchas veces frente a sus familiares o sus comunidades. Unas menores de edad al momento de los hechos fueron violadas con sus madres y encontraron con mucha dificultad un esposo; otras mujeres embarazadas perdieron sus bebés por la violencia y las violaciones sexuales repetidas y prolongadas que los soldados les infligieron, enfermando físicamente y psicológicamente.

Este patrón de actuación empezó en 1980 y fue institucionalizado en el Plan Victoria 82 donde las tropas del Ejército debían tener acceso a mujeres y medios de diversión.

Algunas mujeres embarazadas de sus violadores fueron estigmatizadas por sus familiares y por la comunidad, al extremo que sufrieron violencia por parte de sus esposos por ser consideradas *mujeres de soldado*. Por vergüenza y miedo del rechazo muchas de ellas se quedaron en silencio.

Por lo que en la cultura maya ixil, las mujeres tienen un rol preponderante tanto en el mantenimiento de los valores culturales como en la organizacicón social, pues permiten consolidar el futuro del grupo étnico, no solamente dando a luz a niños ixiles, sino proporcionando a estos niños una educación basada en la cosmovisión indígena maya ixil, base para el sostenimiento de esta cultura. Apropiarse físicamente de las mujeres mediante actos de violación, y darles o no muerte, constituye un acto que desmoraliza tanto a hombres como mujeres, los primeros a partir de la incapacidad de defenderlas lo cual constituye un aspecto que contribuyó a socavar la base de la identidad y de la reproducción física de los miembros de su etnia maya ixil.

B. De los hechos relacionados a los delitos contra los deberes de humanidad

La ejecución de la estrategia definida por usted en los planes de campaña Victoria 82, Firmeza 83 y Firmeza 83-I, así como la aprobación, supervisión de su ejecución y dotación de recursos para la ejecución de los planes operativos, tuvo como consecuencia, además una serie de operaciones militares durante las cuales, miembros del Ejército de Guatemala, infringieron normas de Derecho Internacional Humanitario que protegen a población civil no combatiente. Se ha establecido que durante dichas operaciones se procedió a la quema y destrucción de casas, escuelas, iglesias. Además, en dichas operaciones, se atentó en contra de la integridad personal de la población civil no combatiente perteneciente al grupo maya ixil.

Asimismo, en ese tipo de ataques miembros del Ejército de Guatemala, robaron bienes muebles, ropa, herramientas de trabajo y animales, y se utilizó la violencia sexual como un "arma de guerra", que es considerada por el Derecho Internacional como tortura en la medida que se perpetraron de manera repetitiva y prolongada cuando las mujeres se hallaban bajo el dominio de miembros del Ejército de Guatemala. Estas acciones en su conjunto tuvieron como objetivo consolidar el resultado de sus operaciones militares en el marco de la estrategia contrainsurgente definida.

Como mínimo estos actos se presentaron en los siguientes lugares:

1. Canaquil. En la aldea Canaquil, Santa María Nebaj, Quiché, el 25 de marzo de 1982, soldados del Ejército de Guatemala, después de atacar a los pobladores incendiaron las casas de la aldea, robaron las gallinas, arrancaron las cosechas y se las llevaron. Después del ataque militar, llegaban constantemente a la aldea y al área en general a quemar las casas que sus habitantes volvían a construir. A dos mujeres que fueron capturadas por soldados del Ejército de Guatemala las llevaron junto con otras mujeres a una casa donde las interrogaron sobre la guerrilla. Posteriormente las violaron y mataron. Una de estas víctimas identificada como Elena Raymundo era la comadrona de la comunidad.
2. Bí Chapyac. En el lugar conocido como Bí Chapyac, Santa María Nebaj; Quiché, el quince de abril 1982, como a las nueve de la mañana, llegaron aproximadamente cincuenta soldados del Ejército de Guatemala, y durante esa acción, procedieron a destruir las viviendas y las cosechas, quemaron las casas y el maíz, mataron animales, y cortaron la milpa con machete.
3. Villa Hortensia Antigua. En la aldea Villa Hortensia Antigua; San Juan Cotzal; Quiché, el 22 de mayo de 1982, soldados del Ejército de Guatemala y patrulleros de autodefensa civil, capturaron [a] Manuela Vásquez Mateo, Pedro Canta Lux, Manuel Yon y Catarina Pacheco, de quienes hasta el momento se desconoce su paradero y se ha negado información a sus familiares.

4. Trapichitos. En la aldea Trapichitos, Santa María Nebaj, Quiché, a finales del mes de octubre de 1982, en horas de la tarde llegaron soldados del Ejército de Guatemala, quienes luego de quemar las viviendas y destruir las cosechas de los pobladores, procedieron a perseguir a la población civil no combatiente de esa comunidad.
5. Vijolóm III. En la aldea Vijolóm III, Santa María Nebaj, Quiché, el 23 de septiembre de 1982, llegaron soldados del Ejército de Guatemala, penetraron violentamente a la vivienda de los esposos Sebastián Bernal y Cecilia Bernal. Quemaron su casa y destruyeron todo lo que encontraron.
6. Sacsibán. En la aldea Sacsibán, Santa María Nebaj; Quiché, el 4 de noviembre de 1982, soldados del Ejército de Guatemala, llegaron a la aldea Sacsibán aproximadamente a las 6 de la mañana; procedieron a rodear la casa de la familia Chávez Brito, la cual quemaron con varias personas adentro. Luego de ese ataque procedieron a matar a los animales, se llevaron las gallinas, quemaron casas y el maíz de la comunidad.
7. Chipal. En el lugar denominado Chipal, de la aldea Villa Hortensia II, San Juan Cotzal, Quiché, el 10 de septiembre de 1982, los soldados del Ejército de Guatemala, luego de dar muerte [a] un mínimo de 20 personas, entre estos hombres, mujeres y niños, robaron el ganado y otros animales domésticos.
8. Villa Hortensia Antigua. En la aldea Villa Hortensia Antigua; San Juan Cotzal; Quiché, el 22 de mayo de 1982, soldados del Ejército de Guatemala y patrulleros de autodefensa se presentaron a la aldea indicada, procediendo a dar muerte a varios

de sus habitantes, en esa acción también quemaron las casas de dicha aldea.

9. Chel. En la aldea Chel, San Gaspar Chajul, Quiché, el 3 de abril de 1982, soldados del Ejército de Guatemala, congregaron a un grupo de aproximadamente 100 personas, a quienes separaron por sexo, procediendo a violar sexualmente a un grupo de mujeres y torturando [a] muchas otras personas. Momentos después, dieron muerte a varias personas.
10. Villa Hortensia Antigua. En la aldea Villa Hortensia Antigua, San Juan Cotzal, Quiché, el 22 de mayo de 1982, soldados del Ejército de Guatemala y patrulleros de autodefensa civil, se presentaron a la aldea indicada, procediendo a quemar las casas, cortaron la milpa y mataron a los animales domésticos y dieron muerte a varios vecinos.

Dichos hechos encuadran en los tipos penales de GENOCIDIO Y DELITOS CONTRA DEBERES DE HUMANIDAD ilícitos cometidos en CONCURSO REAL, de conformidad con los artículos 69, 376 incisos 1, 2, 3, 4 y 378 del Código Penal.

2) ACUSADO JOSÉ EFRAÍN RÍOS MONTT:

Porque usted, JOSÉ EFRAÍN RÍOS MONTT, en su calidad de PRESIDENTE DE LA JUNTA MILITAR DE GOBIERNO, PRESIDENTE DE LA REPÚBLICA DE GUATEMALA, MINISTRO DE LA DEFENSA NACIONAL Y COMANDANTE GENERAL DEL EJÉRCITO, cargos que ocupó sucesiva o simultáneamente, del 23 de marzo de 1982 al 8 de agosto de 1983, lapso durante el cual continuó y fortaleció la política contrainsurgente, iniciada desde 1960 por los gobiernos electos y de facto, dirigida en contra de miembros de la guerrilla y población civil, a nivel nacional; dentro de la cual, se focalizó a los grupos mayas como enemigo interno por considerar que prestaban apoyo a los grupos guerrilleros. Dentro del grupo maya, se identificó, por parte del Ejército de Guatemala, al 100% de miembros del grupo étnico maya ixil, como enemigo interno, aún cuando fuera población civil no combatiente. En el marco referido, durante el tiempo en que usted ejerció los cargos indicados, ejecutó, como mínimo las siguientes acciones:

[...]*

* A partir de este punto se enumeran los hechos de que se acusa a José Efraín Ríos Montt. Estos se omiten, ya que inmediatamente están los hechos que el Tribunal consideró probados.

III) Determinación precisa y circunstanciada de los hechos que el tribunal estima acreditados

El Tribunal considera acreditados los siguientes hechos:

1) Que el acusado José Efraín Ríos Mont, en su calidad de Presidente de la Junta Militar de Gobierno, Presidente de la República de Guatemala, Ministro de la Defensa Nacional y Comandante General del Ejército, cargos que ocupó sucesiva o simultáneamente, del veintitrés de marzo de mil novecientos ochenta y dos al ocho de agosto de mil novecientos ochenta y tres, lapso durante el cual continuó y fortaleció la política contrainsurgente; dentro de la cual, se focalizó a los grupos mayas como *enemigo interno* por considerar que prestaban apoyo a los grupos guerrilleros.Dentro del grupo maya, se identificó, por parte del Ejército de Guatemala, al 100% de miembros del grupo étnico maya ixil, como *enemigo interno*, aun cuando fuera población civil no combatiente.

2) En el marco referido, durante el tiempo en que usted ejerció los cargos indicados, ejecutó, como mínimo las siguientes acciones:
   2.1) Aprobó el Plan Nacional de Seguridad y Desarrollo y decretó el Estatuto Fundamental de Gobierno que estableció el marco jurídico que sirvió de base para la organización, planificación y ejecución de las operaciones para la lucha contrainsurgente, contenida en los planes de campaña y planes operativos que conllevó, entre otros, a la eliminación de población civil no combatiente perteneciente al grupo étnico maya ixil.
   2.2) Ordenó la reorganización de las entidades del Estado para la lucha contrainsurgente, dentro de las cuales se delimitaron los niveles de acción y de responsabilidad de cada entidad, así como las áreas de operaciones de las fuerzas de seguridad, entre ellas, las que debían operar en la región ixil.
   2.3) Promovió una política nacionalista que quebrantó la base cultural de los distintos pueblos que conforman la sociedad guatemalteca como mecanismo de la lucha contrainsurgente, para lo cual aprobó, implementó y ejecutó acciones comunicacionales como base para las operaciones psicológicas que rompieron con el tejido social y los valores culturales cuyo daño aún persiste.
   2.4) Estableció una política de control poblacional y territorial que incluía la creación de campamentos de amnistiados, refugiados

y desplazados en los que se modificaron las prácticas culturales propias de los integrantes de los diferentes pueblos de origen maya, entre ellos, al grupo étnico maya ixil, para eliminar o neutralizar a los grupos subversivos, por considerar a aquellos base social de la guerrilla, aún y cuando, fueran población civil no combatiente.

2.5) Autorizó e institucionalizó, en los Planes de Campaña Victoria 82, Firmeza 83, el Plan de Operaciones Sofía, la Apreciación de Asuntos Civiles (G-5) para el área ixil y la Operación Ixil-Plan de Asuntos Civiles, la identificación de miembros de los grupos mayas como *enemigo interno*, entre ellos, al grupo étnico maya ixil, aún y cuando fuera población civil no combatiente.

2.6) Autorizó las acciones contrainsurgentes desarrolladas por agentes del Estado de Guatemala, para lo cual ordenó la elaboración, conoció el contenido y supervisó la ejecución de las acciones contrainsurgentes entre ellos la de los planes de campaña y planes operativos, que identificaban al grupo étnico maya ixil como el enemigo interno.

2.7) Ordenó a partir del 23 de marzo de 1982, la elaboración e implementación del Plan de Campaña Victoria 82 y Firmeza 83, en los que se estableció:

2.7.1) La eliminación de los elementos subversivos, calificados como parte del *enemigo interno*, que de acuerdo a la doctrina militar establecida en el Manual de Guerra Contrasubversiva, era considerado *enemigo interno*, entre otros, "[...] a aquellos individuos, grupos u organizaciones que sin ser comunistas tratan de romper el orden establecido.", entre ellos, se consideró a los miembros del grupo étnico maya ixil, aún y cuando fueran, población civil no combatiente.

2.7.2) La reorganización del Ejército de Guatemala, para la lucha contrainsurgente, delimitando la responsabilidad de las diferentes áreas de operaciones, entre ellas la región ixil; para lo cual reorganizó y fortaleció, para tal efecto, a la Fuerza de Tarea Gumarcaj.

2.7.3) La elaboración y ejecución de los planes operativos de todas las jurisdicciones militares incluyendo los específicos para la región ixil, para ser ejecutados por la Zona Militar Mariscal Gregorio Solares de Huehuetenango, por la Fuerza de Tarea Gumarcaj, que posteriormente se convirtió en la Zona Militar número 20 de Santa Cruz de El Quiché, y la Base Militar de Tropas Paracaidistas General Felipe Cruz del Puerto San José, Escuintla.

2.7.4) La organización de los planes operativos y la dotación de recursos necesarios para la ejecución de las operaciones militares que facilitaron miembros del Ejército de Guatemala, de las *patrullas de autodefensa civil* comisionados militares, el despliegue de acciones militares en contra del grupo étnico maya ixil, asentado en los municipios de Santa María Nebaj San Gaspar Chajul y San Juan Cotzal del departamento de El Quiché.

2.7.5) La organización para el manejo de desplazados, refugiados y amnistiados, en campamentos donde la población era concentrada con el fin de re-educarla, modificando su cultura e incorporándolos a la lucha contrasubversiva; criminalizando a todo aquel que no siguiera las pautas de la doctrina implementada por los miembros del Ejército a cargo de dichos campamentos. En la región ixil se establecieron tres campamentos con sede en Santa María Nebaj, San Gaspar Chajul y en San Juan Cotzal que concentraron principalmente miembros del grupo étnico maya ixil.

2.7.6) La organización de las patrullas de autodefensa civil, estableciendo subordinación de éstas al Ejército de Guatemala, así como su participación en operaciones contrasubversivas, obligando a los patrulleros a actuar, incluso en contra de miembros de su mismo grupo étnico, lo cual contribuyó al rompimiento del tejido social de las comunidades, modificando su estructura social y consecuentemente la cultura del grupo étnico maya ixil.

3) Implementó, como Presidente de la República y Comandante General del Ejército, los Planes de Campaña Victoria 82 y Firmeza 83, a través de, entre otras, las acciones siguientes:
   3.1) Ordenar la movilización parcial del Ejército de Guatemala, estableciendo los estados de fuerza para cada una de las regiones del país, los mecanismos de reclutamiento y los operativos a ser desarrollados, entre ellos los correspondientes a la Fuerza de Tarea Gumarcaj.
   3.2) Difundir conforme al Anexo de Operaciones Psicológicas del Plan de Campaña Victoria 82 el contenido de los mensajes públicos dominicales definidos en la estrategia militar contrasubversiva, la cual iba dirigida, entre otros al grupo étnico maya ixil.
4) Las acciones antes referidas las ejecutó con pleno conocimiento del contexto en el que se desarrollaba el conflicto armado interno.
5) El conocimiento y experiencia en las actividades militares y políticas que desempeñó, a partir del 23 de marzo de 1982, así como la información que le fue proporcionada al asumir los cargos referidos le permitieron tomar decisiones en la lucha contrasubversiva, en la región urbana y rural, dentro de la cual, se identificó a la población civil no combatiente como *enemigo interno*, a la población maya en general como apoyo al *enemigo interno* por haber encontrado eco en las proclamas de la subversión; y, en particular al 100% de los miembros del grupo étnico maya ixil como "apoyo a los

grupos subversivos" y por ende, enemigos internos, estableciendo que, el 50% de integrantes de dicho grupo étnico realizaban acciones de colaboración con la subversión en "actividades de espionaje", principalmente, acerca de los movimientos militares.

6) Derivado de lo anterior, las estrategias contrainsurgentes de su gobierno, establecidas en el Plan Nacional de Seguridad y Desarrollo, del 1 de abril de 1982, en el Plan de Campaña Victoria 82, del 16 de junio de 1982, fueron la base para que los miembros del Ejército, bajo su mando, desarrollaran operativos tendientes a: engañar, encontrar, atacar, aniquilar, eliminar y neutralizar a la población civil no combatiente, en el área urbana y rural, la cual desde el Manual de Guerra Contrasubversiva fue caracterizada como *enemigo interno*, estableciendo según la información militar que el 100% de los miembros del grupo étnico maya ixil eran enemigos internos.
7) Durante el tiempo en que ejerció los cargos referidos, las unidades militares, bajo su mando, dieron continuidad operativa a la estrategia militar contrasubversiva iniciada por el gobierno depuesto mediante el golpe de estado del 23 de marzo de 1982, con especial énfasis en el altiplano occidental y noroccidental del país.
8) Respecto al área ixil, miembros del Ejército, bajo su mando, desde el 23 de marzo de 1982, continuaron con el arrasamiento de aldeas y otros delitos contra la vida y la libertad. En todos estos hechos las unidades militares, bajo su mando, incrementaron los ataques mediante la utilización de armas de fuego de grueso calibre, explosivos, así como

naves aéreas desde las que bombardearon a las comunidades habitadas por población civil no combatiente del grupo étnico maya ixil.

9) Con base en el Plan de Campaña Victoria 82, se desarrolló y ejecutó el Plan de Operaciones Sofía, con el objeto de realizar operaciones ofensivas antisubversivas y operaciones psicológicas en el área de operaciones de la Fuerza de Tarea Gumarcaj, "para darle mayor ímpetu a dichas operaciones exterminar a los elementos subversivos en el área", que incluía, a los municipios de Santa María Nebaj, San Juan Cotzal y San Gaspar Chajul, región en la que según la información militar tenía su asiento, mayoritariamente, el grupo étnico maya ixil.

10) En el Plan de Operaciones Sofía se caracteriza a la población ixil en un 100% como base de apoyo a los grupos guerrilleros, y su ejecución conllevó a la afectación significativa de miembros de la población civil no combatiente, pertenecientes a este grupo étnico. Según los mismos reportes militares se afectó a gran número de niñas, niños, mujeres, ancianas y hombres adultos.

11) La obligación de reportar las operaciones militares al alto mando del Ejército derivado de la doctrina y planes militares, así como: las declaraciones, mensajes dominicales, entrevistas y las acciones ejecutadas por el acusado JOSÉ EFRAÍN RÍOS MONTT, en el marco de los planes que aprobó, son muestra del conocimiento que tuvo de las acciones desplegadas por los miembros del Ejército de Guatemala, comisionados militares y patrulleros de autodefensa civil; en las cuales se atacó a la población maya ixil, por considerarla base de apoyo a la guerrilla.

12) La aprobación del plan Firmeza 83, confirma que el acusado JOSÉ EFRAÍN RÍOS MONTT, tuvo pleno conocimiento de los operativos que fueron ejecutados en contra de la población civil, en las regiones urbanas y rurales, los ataques a la población maya, en general, y, en especial contra los miembros del grupo étnico maya ixil.
13) Los planes militares que se aprobaron luego de que el acusado JOSÉ EFRAÍN RÍOS MONTT, entre ellos el Plan de Campaña Victoria 82 y el Plan Nacional de Seguridad y Desarrollo, los cuales aprobó, y, además, ejecutó las acciones previstas en los planes referidos para coadyuvar en los ataques a la población civil y maya, en general, particularizando ataques contra los miembros del grupo étnico maya ixil.
14) Que el acusado JOSÉ EFRAÍN RÍOS MONTT, participó en el diseño, orientación, ejecución y supervisión de la aplicación de la política, estrategia y planes militares que incluyeron a población civil no combatiente, calificada arbitrariamente como *enemigo interno*, en parte, por sus antecedentes históricos de resistencia a los valores occidentales; específicamente, se focalizó a los miembros del grupo étnico maya ixil, lo que provocó el diseño y ejecución de una estrategia militar en contra de dicho grupo étnico.
15) Que el acusado JOSÉ EFRAÍN RÍOS MONTT, tenía pleno conocimiento través de los Informes Periódicos correspondientes, de los crímenes cometidos por miembros del Ejército de Guatemala, comisionados militares y patrulleros de autodefensa civil, consistentes en: muertes de miembros de grupo, traslado de niños y adultos del grupo étnico maya

ixil a otro grupo, desplazamiento bajo condiciones inhumanas, lesiones a través de violaciones, violencia sexual, vandalismos, robos, y destrucción de cosechas y viviendas, entre otros. Sin embargo, no emitió las órdenes respectivas para detener, evitar o sancionar los actos antes referidos en contra de la población civil no combatiente.

16) Que el acusado JOSÉ EFRAÍN RÍOS MONTT, utilizó el aparato de Estado para la identificación del grupo étnico maya ixil, como enemigo interno, aún y cuando fuese población civil no combatiente, en ese marco, las acciones ejecutadas por el acusado, inherentes a su potestad de mando del Ejército, así como los operativos militares ejecutados bajo sus órdenes, y responsabilidad de supervisión y control estaban dirigidos a la eliminación del grupo étnico maya ixil. Tal intención se pone de manifiesto no solamente por el contenido de los planes de campaña y planes operativos vigentes, sino por la forma en que los miembros del Ejército de Guatemala, comisionados militares y patrulleros de autodefensa civil ejecutaron los operativos militares comandados, supervisados y coordinados por la máxima autoridad del Gobierno de facto, siendo por mandato legal, quien ejercía la dirección, control y por tanto dominio del Ejército de Guatemala como un aparato de poder.

17) Que el acusado JOSÉ EFRAÍN RÍOS MONTT, generó las condiciones para que se desarrollaran acciones militares, que en su aplicación práctica, fueron determinantes para propiciar la muerte de miembros del grupo étnico maya ixil, mujeres, niños(as), ancianos(as) y hombres; violaciones sexuales; lesiones físicas y mentales; desaparición de personas;

tratos crueles, inhumanos y degradantes; saqueos; persecución y desplazamiento de personas adultas y niños(as); la quema de cosechas, viviendas y bombardeos; control poblacional, control territorial y control de recursos.

18) Que el acusado José Efraín Ríos Montt, actuó directamente en contra del grupo étnico maya ixil, a través de la política contrainsurgente y además omitió el deber que le imponía el ordenamiento jurídico de garantizar el goce de los derechos a todos los habitantes de la República sin distinción alguna, establecidos en el Estatuto Fundamental de Gobierno, y, en cumplimiento de las obligaciones asumidas por el Estado al incorporar al derecho nacional, el derecho convencional y consuetudinario internacional de los Derechos Humanos y Humanitario.
19) El acusado José Efraín Ríos Montt, creó una fuente de peligro aumentando el riesgo para toda la población cuando, como Presidente de la Junta Militar de Gobierno derogó la Carta Magna vigente con lo que hizo muy frágil la aplicación de las garantías de protección de los derechos humanos; especialmente de las poblaciones más vulnerables como lo es el grupo étnico, maya ixil. Por lo que el Estatuto Fundamental de Gobierno, posteriormente, le ordenó en su calidad del más alto funcionario del Gobierno crear "[...] los mecanismos necesarios para el efectivo y absoluto respeto y mantenimiento de los derechos humanos.", lo cual incumplió.
20) El acusado José Efraín Ríos Montt, generó las condiciones para que el grupo étnico maya ixil, fuera afectado culturalmente a partir de la

visión nacionalista implementada en los campamentos de atención a refugiados, desplazados y amnistiados, dado que en los mismos se estableció como objetivo: reeducarlos y militarizarlos, aspectos que necesariamente impactaron en las personas individuales como en la colectividad de este grupo étnico.

21) El acusado José Efraín Ríos Montt, institucionalizó la visión racista y discriminatoria del Ejército en contra de la población maya y, en especial, contra los miembros del grupo étnico maya ixil, lo que representó que las expresiones culturales externas como el traje típico y el idioma se convirtieran en una amenaza real para la vida, integridad y sobrevivencia de niñas, niños; mujeres y hombres pertenecientes al grupo étnico maya ixil, aún y cuando fuese población civil no combatiente; pues, los documentos militares, fueron la base para institucionalizar, durante la época en que ejerció los cargos referidos, los operativos militares en contra de este grupo étnico.

22) La Fuerza de Tarea Gumarcaj, la cual fue convertida en la Zona Militar número 20 de Santa Cruz de El Quiché y la Fuerza Aérea Guatemalteca, así como comisionados militares y patrulleros de autodefensa civil, bajo su mando, ejecutaron en contra de miembros del grupo étnico maya ixil, por considerarlos enemigos internos, por su pertenencia cultural e histórica, al menos, los actos siguientes:

   22.1) Ejecuciones selectivas en las que se dio muerte a miembros del grupo étnico maya ixil en forma individual y colectiva.

22.2) Masacres selectivas e indiscriminadas dirigidas en contra de miembros del grupo étnico maya ixil.
22.3) Destrucción y quema de las aldeas del grupo étnico maya ixil.
22.4) Bombardeos a comunidades o áreas en las que se refugiaban los miembros del grupo étnico maya ixil que se habían visto forzados a desplazarse, lo cual incluyó lugares sagrados.
22.5) Violaciones sexuales individuales y colectivas de mujeres pertenecientes al grupo étnico maya ixil.
22.6) Sometimiento a interrogatorios bajo tortura a miembros del grupo étnico maya ixil que fueron capturados.
22.7) Concentración de los miembros del grupo étnico maya ixil en los campamentos de atención a refugiados, desplazados y amnistiados, para someterlos a un proceso de ladinización y convertirlos al modo nacional, el que debía entenderse como castellanizar, suprimir el traje distintivo u otras muestras exteriores diferenciadoras del grupo, siendo posible que a partir de redefinir estas muestras dejen de pensar como tales.
22.8) Saqueo de bienes, quema de casas y de cosechas, matanza y robo de animales, así como, elementos materiales propios de la cultura maya ixil.
22.9) Persecución de miembros del grupo étnico maya ixil durante el desplazamiento.
22.10) Operaciones de rastreo y cerco con el objeto de identificar las áreas de refugio a fin de

capturar y/o ejecutar a miembros del grupo étnico maya ixil.

22.11) Control y cerco de las comunidades desplazadas impidiendo el acceso de alimentos y medicamentos indispensables para la subsistencia de los miembros del grupo étnico maya ixil.

22.12) Sometimiento a servidumbre y trabajos forzados de niños, mujeres y hombres pertenecientes al grupo étnico maya ixil.

22.13) Desaparición forzada de personas.

23) Tales actos se materializaron en el marco de la "guerra contrasubversiva" dentro de la cual el acusado José Efraín Ríos Montt, institucionalizó los planes que contemplaban el aniquilamiento de la guerrilla y organizaciones paralelas, aún y cuando fuesen población civil no combatiente o, pertenecientes a grupos culturales de origen maya como es el caso de los ixiles asentados en los municipios de Santa María Nebaj, San Juan Cotzal y San Gaspar Chajul.

24) Los miembros del grupo étnico maya ixil fueron atacados reiteradamente, a lo largo del conflicto armado interno a partir de actos de represión selectivos, masivos y actos de control de la población sobreviviente, estos últimos con el fin de capturar, manejar, reeducar e incorporar a los miembros del grupo bajo la concepción del *modo nacional* sustentado por el Ejército de Guatemala.

25) Que las acciones ejecutadas por el acusado José Efraín Ríos Montt, permitieron que miembros del Ejército de Guatemala, comisionados militares y patrulleros de autodefensa civil que estaban bajo

su mando, y sobre las cuales tenía el dominio de poder.

26) Se estima que durante el conflicto armado interno, miembros del Ejército de Guatemala, comisionados militares y patrulleros de autodefensa civil dieron muerte a personas pertenecientes al grupo étnico maya ixil, radicados en los municipios de San Juan Cotzal, Santa María Nebaj y San Gaspar Chajul.
27) Durante el periodo en que el acusado José Efraín Ríos Montt, ejerció el cargo, se estima que producto de las acciones ejecutadas por miembros del Ejército de Guatemala, comisionados militares y patrulleros de autodefensa civil, bajo su mando, dieron muerte a gran cantidad de personas, dentro de las que se encontraban niñas, niños, mujeres, ancianas, ancianos y hombres adultos y que las víctimas mortales pertenecían al grupo étnico maya ixil residentes en los municipios antes referidos.
28) De la cantidad de personas a las que se dio muerte, durante el tiempo en que el acusado JOSÉ EFRAÍN RÍOS MONTT, ejerció los cargos referidos, a la fecha se ha logrado identificar, solamente, a una parte de las víctimas mortales de población civil no combatiente perteneciente al grupo étnico maya ixil, hechos documentados en masacres en los municipios de Santa María Nebaj; San Juan Cotzal y San Gaspar Chajul; casos de muertes violentas en los municipios de Santa María Nebaj, San Juan Cotzal y San Gaspar Chajul; así como casos de personas muertas a causa de las condiciones creadas por soldados del Ejército de Guatemala y patrullas de autodefensa en los municipios de

Santa María Nebaj, San Juan Cotzal y San Gaspar Chajul.

29) De las víctimas a las que dieron muerte, pertenecientes al grupo étnico maya ixil, durante el periodo en que ejerció los cargos indicados, han sido exhumadas a la fecha una gran cantidad de osamentas.

30) Las víctimas mortales pertenecientes al grupo étnico maya ixil que fueron identificadas por hechos cometidos por miembros del Ejército de Guatemala, comisionados militares y patrulleros de autodefensa civil, bajo su mando, durante el tiempo en que el acusado José Efraín Ríos Montt, ejerció los cargos referidos, corresponden a diversos operativos militares en los cuales se utilizaron armas de fuego de grueso calibre, bombardeos, armas blancas, armas corto contundente, entre otras, como mínimo, se efectuaron en:

30.1. Canaquil. En la aldea Canaquil, Santa María Nebaj, Quiché, el 25 de marzo de 1982, los soldados del ejército dieron muerte a las personas descritas en la acusación.

30.2. Chel. En la aldea Chel, San Gaspar Chajul, Quiché, el 3 de abril de 1982, soldados del Ejército de Guatemala dieron muerte a las personas descritas en la acusación.

30.3. Villa Hortensia Antigua. En la aldea Villa Hortensia Antigua; San Juan Cotzal; Quiché, el 22 de mayo de 1982, soldados del Ejército de Guatemala dieron muerte a las personas descritas en la acusación.

30.4. Pexla Grande. En la aldea Pexla Grande, Santa María Nebaj, Quiché, el 2 de junio de 1982, soldados del Ejército de Guatemala, dieron muerte a las personas descritas en la acusación.

30.5. San Francisco Javier. En la aldea San Francisco Javier, Santa María Nebaj, Quiché, el 14 de agosto de 1982, soldados del Ejército de Guatemala, dieron muerte, mediante disparos con arma de fuego y golpes a las personas descritas en la acusación.

30.6. Chuatuj. En la aldea Chuatuj, Santa María Nebaj, Quiché, el 28 de agosto de 1982, soldados del Ejército de Guatemala y patrulleros de autodefensa dieron muerte a las personas descritas en la acusación.

30.7. Sajsiban. En la aldea Sajsiban , Santa María Nebaj; Quiché, el 4 de noviembre de 1982, soldados del Ejército procedieron a rodear la casa de la familia Chávez Brito dándole muerte a las personas que describe la acusación, a quienes les golpearon, dispararon con arma de fuego y posteriormente quemaron.

30.8. Xecol. En el caserío Xecol, aldea Amajchel, San Gaspar Chajul, Quiché, el 20 de noviembre de 1982, soldados del Ejército de Guatemala dieron muerte a las personas descritas en la acusación.

30.9. Xesayí. En el caserío Xesayí, San Gaspar Chajul, Quiché, el 12 de abril de 1983, soldados del Ejército de Guatemala dieron muerte a las personas descritas en la acusación.

30.10. Sumal I. En el cerro Sumal, Santa María Nebaj, Quiché, el 12 de abril de 1983, soldados del Ejército de Guatemala dieron muerte a las personas descritas en la acusación, mediante disparos de arma de fuego, golpes en la cabeza y tórax.

30.11. Vijolóm III. En la aldea Vijolóm III, Santa María Nebaj, Quiché, durante marzo de 1982, soldados del Ejército de Guatemala dieron muerte a Pedro Rivera Cobo.

30.12. Xachmoxan. En la aldea Xachmoxan, San Gaspar Chajul, Quiché, el 3 de abril de 1982, soldados del Ejército de Guatemala dieron muerte, a las personas descritas en la acusación, disparándoles con arma de fuego.

30.13. Vatzpollí. En el lugar conocido como Vatzpollí, de la aldea Vipollí, San Gaspar Chajul, Quiché, el 10 de abril de 1982, soldados del Ejército de Guatemala dieron muerte a Pedro Bop Asicona y/o Pedro Bop Aiscona, quemándolo y disparándole con arma de fuego.

30.14. Bi Chapyac. En el lugar conocido como Bi Chapyac, Santa María Nebaj; Quiché, el 15 de abril 1982, soldados del Ejército de Guatemala dieron muerte a María Cruz Sánchez.

30.15. Villa Hortensia. En la aldea Villa Hortensia II, San Juan Cotzal, Quiché, el 15 de abril de 1982, soldados del Ejército de Guatemala dieron muerte a las personas descritas en la acusación, disparándoles con arma de fuego.

30.16. Vajila. En el lugar llamado Vajila, de la aldea Acul, Santa María Nebaj, Quiché, el 20 de abril de 1982, soldados del Ejército de Guatemala dieron muerte a Catarina Cedillo, quien falleció a causa de una explosión.

30.17. Tuqanal. En el lugar denominado Tuqanal, Santa María Nebaj, Quiché, durante mayo de 1982, soldados del Ejército de Guatemala, dieron muerte a Jacinto Pérez y Juana de León Santiago, disparándoles con arma de fuego.

30.18. Bicocol. En el lugar denominado Bicocol, aldea Villa Hortensia I, San Juan Cotzal, Quiché, el 10 de mayo 1982, soldados del Ejército de Guatemala y patrulleros de autodefensa, dieron muerte a Marcos Castro Canto y/o Marco Castro, estrangulándolo.

30.19. Tujolom. En la aldea Tujolom, Santa María Nebaj, Quiché, durante junio de 1982, soldados del Ejército de Guatemala, dieron muerte a Elena Sánchez.

30.20. Tujolom. En la aldea Tujolom, Santa María Nebaj, Quiché, durante junio de 1982, soldados del Ejército de Guatemala, dieron muerte a Pedro Sánchez, disparándole con arma de fuego.

30.21. Sumalito. En la aldea Sumalito, Santa María Nebaj, Quiché, el 5 de junio de 1982, soldados del Ejército de Guatemala, dieron muerte a Domingo Pérez y/o Domingo Pérez López, disparándole con arma de fuego.

30.22. Tujolom. En la aldea Tujolom, Santa María Nebaj, Quiché, el 18 de junio de 1982, soldados del Ejército Guatemala, dieron muerte a Jacinto Raymundo, disparándole con arma de fuego.

30.23. Vajila. En el lugar denominado Vajila, aldea Acul, Santa María Nebaj, Quiché, el 20 de junio de 1982, soldados del Ejército de Guatemala, dieron muerte a Sebastián de Paz Pérez, mediante disparos de arma de fuego.

30.24. Tusibán. En el lugar conocido como Tusibán, Aldea Quejchip, Santa María Nebaj, Quiché, el 22 de junio de 1982, soldados del Ejército de Guatemala, dieron muerte, como mínimo, a Bernardo Chávez, José Ceto, Pedro Ceto López y Magdalena Ceto López.

30.25. Tucalamá. En Tucalamá, de la aldea Vijolóm I, Santa María Nebaj, Quiché, durante julio de 1982, soldados del Ejército de Guatemala, dieron muerte, como mínimo, a Juana Rivera Rivera, Jacinto Raymundo Raymundo, Diego Raymundo Rivera y Magdalena Rivera Raymundo, con disparos de arma de fuego y armas blancas.

30.26. Kabtzé. En el lugar conocido como Kabtzé, Aldea Salquil Grande, Santa María Nebaj; Quiché, el 15 de julio de 1982, soldados del Ejército de Guatemala, dieron muerte, como mínimo, a Pedro López, Domingo López, Magdalena López, Pedro Raymundo y María Pérez.

30.27. Chuatuj. En la aldea Chuatuj, Santa María Nebaj, Quiché, el 17 de julio de 1982, soldados del Ejército de Guatemala, dieron muerte a Antonio Pérez Gonzáles, disparándole con arma de fuego.

30.28. Palop Chiquito. En la aldea Palop Chiquito, Santa María Nebaj, Quiché, a finales del mes de julio de 1982, soldados del Ejército de Guatemala, dieron muerte a Diego Velasco, a quien ejecutaron disparando con arma de fuego.

30.29. Vatzsuchil. En la Aldea Vatzsuchil, Santa María Nebaj, a principios de septiembre de 1982, soldados del Ejército de Guatemala, dieron muerte a Juan Bernal, disparándole con arma de fuego.

30.30. Tu Captze. En el lugar llamado Tu Captze, aldea Parramos Grande, Santa María Nebaj, Quiché, el 2 de septiembre de 1982, soldados del Ejército de Guatemala, dieron muerte, como mínimo, a Jacinta Raymundo Ceto y sus hijos Tomás López Raymundo y Miguel López Raymundo, con arma de fuego.

30.31. Achba'ltxo. En el lugar denominado Achba'ltxo, de la aldea Vijolom III, Santa María Nebaj, Quiché, el 9 de septiembre de 1982, soldados del Ejército de Guatemala, dieron muerte a José Brito Sánchez.

30.32. Xolá. En el caserío Xolá, aldea Sajsiban. Santa María Nebaj, Quiché, 10 de septiembre de 1982, soldados del Ejército de Guatemala, dieron muerte a Mateo Solís Cruz y a Francisco Raymundo disparándoles con arma de fuego.

30.33. Chipal. En el lugar denominado Chipal, de la aldea Villa Hortensia II, San Juan Cotzal, Quiché, el 10 de septiembre de

1982, los soldados del Ejército de Guatemala, dieron muerte a Nicolás Gómez.

30.34. Jolopxam. En el Cantón Jolopxam, Santa María Nebaj, Quiché, el 13 de septiembre de 1982, soldados del Ejército de Guatemala, dieron muerte, como mínimo, a Antonio Matóm, Diego de León Cobo, Pedro Marcos de León y Fermín Gallego Gallego.

30.35. Tu B'aj Mam. En el lugar llamado Tu B'aj Mam, aldea Sajsiban, Santa María Nebaj, Quiché, el 20 de septiembre de 1982, soldados del Ejército de Guatemala, dieron muerte a Magdalena Matóm Ramírez, con arma de fuego.

30.36. Vijolom III. En la aldea Vijolom III, Santa María Nebaj, Quiché, el 23 de septiembre de 1982, soldados del Ejército de Guatemala, dieron muerte a Sebastián Bernal y Cecilia Bernal, disparándoles con arma de fuego.

30.37. Visibacbitz. En la aldea Visibacbitz, Santa María Nebaj, Quiché, el 1 de octubre de 1982, soldados del Ejército de Guatemala, dieron muerte a Gaspar Ramos Raymundo, disparándole con arma de fuego.

30.38. Vatz Sumal II. En la aldea Vatz Sumal II, Santa María Nebaj, Quiché, el 10 de octubre de 1982, soldados del Ejército de Guatemala, dieron muerte a Nicolás Rivera Pérez.

30.39. Xemanzana. En Xemanzana de la aldea Sajsiban, Santa María Nebaj, Quiché, el 15 de octubre de 1982, soldados del Ejército de Guatemala,dieron muerte a Pedro Santiago.

30.40. Xeo. En la aldea Xeo, Santa María Nebaj, Quiché, el 15 octubre de 1982, soldados del Ejército de Guatemala dieron muerte a Diego Chel, disparándole con arma de fuego.

30.41. Vitzal. En el Cantón Vitzal, Santa. María Nebaj, Quiché, el 21 de octubre de 1982, soldados del Ejército de Guatemala, dieron muerte a Jacinto Chel, disparándole con arma de fuego.

30.42. Vajilá. En el lugar denominado Vajilá, de la aldea Acul, Santa María Nebaj, Quiché, durante el mes de 25 octubre de 1982, soldados del Ejército de Guatemala, dieron muerte, como mínimo, a Manuela Brito Corio y/o Manuela Rosenda Brito Corio, disparándoles con arma de fuego.

30.43. Trapichitos. En la aldea Trapichitos, Santa María Nebaj, Quiché, a finales del mes de octubre de 1982, soldados del Ejército de Guatemala dieron muerte a Sebastián Cobo Rivera.

30.44. Vibajila. En el lugar denominado Vibajila, aldea Acul, Santa María Nebaj, Quiché, el 5 de noviembre de 1982, soldados del Ejército de Guatemala, dieron muerte a Juana Herrera Raymundo y/o Juana Herrera, disparándole con armas de fuego.

30.45. Tujolom. En la aldea Tujolom, Santa María Nebaj, Quiché, el 15 de diciembre de 1982, soldados del Ejército de Guatemala, dieron muerte a Andrés Brito Brito.

30.46. Batzchocola. En la aldea Batzchocola, Santa María Nebaj, Quiché, el 1 de enero de 1983, soldados del Ejército de Guatemala, dieron muerte a Jacinto Cobo y Francisco Raymundo.

30.47. Parramos Grande. En la montaña de la aldea Parramos Grande, Santa María Nebaj, Quiché, el 15 de enero de 1983, soldados del Ejército de Guatemala, dieron muerte a Domingo Pérez.

30.48. Xe Belubal. En el caserío Xe Belubal, San Gaspar Chajul, Quiché, el 20 de febrero de 1983, soldados del Ejército de Guatemala, dieron muerte, como mínimo, a Diego Cobo, Miguel Ceto, Juan Cedillo y Pedro Cobo, además de otras personas.

30.49. Vipecbalam. En la aldea Vipecbalam, Santa María Nebaj, Quiché, el 25 de febrero de 1983, soldados del Ejército de Guatemala, dieron muerte a Marta García y/o Marta García Chávez, disparándole con arma de fuego.

30.50. Vipecbalam. En la aldea Vipecbalam, Santa María Nebaj, Quiché, el 27 de febrero de 1983, soldados del Ejército de Guatemala, dieron muerte a Juan Raymundo Gómez, disparándole con arma de fuego.

30.51. Tujolom. En la aldea Tujolom, Santa María Nebaj, Quiché, durante el mes de abril de 1983, soldados del Ejército de Guatemala, dieron muerte a Andrés Sánchez.

30.52. Chapyac. En el cantón Chapyac, Santa María Nebaj; Quiché, el 8 de abril de 1983, soldados del Ejército de Guatemala, dieron muerte a Domingo Ceto Cruz.

30.53. Batzchocola. En la aldea Batzchocola, Santa María Nebaj, Quiché, el 19 de abril de 1983, soldados del Ejército de Guatemala, dieron muerte, como mínimo, a Magdalena Raymundo y Nicolás Cobo Raymundo.

30.54. Viucalvitz. En la aldea Viucalvitz, Santa María Nebaj, Quiché, el 25 de mayo de 1983, soldados del Ejército de Guatemala, dieron muerte a Baltazar Cuplay y/o Baltazar Cuplay Raymundo, disparándole con arma de fuego.

30.55. Santa Clara. En la aldea Santa Clara, San Gaspar Chajul, Quiché, el 14 de junio de 1983, soldados del Ejército de Guatemala, dieron muerte a Jacinto Itzep Utuy, disparándole con arma de fuego.

30.56. Chipal. En la aldea Chipal, San Juan Cotzal, Quiché, el 27 de abril de 1982, debido a las condiciones inhumanas creadas por soldados del Ejército de Guatemala, falleció Cirilo Ramírez Sales y/o Cirilo Ramírez Salas y/o Sirilo Ramírez Salas.

30.57. Tujolom. En la aldea Tujolom, Santa María Nebaj, durante el mes de junio de 1982, a causa de las condiciones inhumanas creadas por soldados del Ejército, falleció Petrona Brito Raymundo de siete meses de edad por enfermedad.

30.58. Tujolom. En la aldea Tujolom, Santa María Nebaj, Quiché, durante el mes de julio de 1982, debido a las condiciones inhumanas creadas por soldados del Ejército de Guatemala, falleció Francisco Rivera por enfermedad.

30.59. Tu Uchuch. En el paraje Tu Uchuch, de la aldea Acul, Santa María Nebaj, Quiché el 22 de julio de 1982, a causa de las condiciones inhumanas creadas por soldados del Ejército de Guatemala, falleció Pedro Cuchil Sánchez.

30.60. Tu Uchuch. En el paraje Tu Uchuch, aldea Acul, Santa María Nebaj, Quiché, el 30 de julio de 1982, a causa de las condiciones inhumanas creadas por soldados del Ejército de Guatemala, falleció Juan Marcos Raymundo, recién nacido.

30.61. Vicalama. En la aldea Vicalama, Santa María Nebaj, Quiché, el 28 de agosto de 1982, a causa de las condiciones inhumanas creadas por soldados del Ejército de Guatemala, falleció Catarina de Paz.

30.62. Vatzsuchil. En la aldea Vatzsuchil, Santa María Nebaj, Quiché, el 25 septiembre de 1982, Francisco Bernal falleció, debido a las condiciones de existencia creadas por elementos del Ejército de Guatemala.

30.63. Visibal. En Visibal, Santa María Nebaj, Quiché, durante el mes de octubre de 1982, debido a las condiciones inhumanas creadas por soldados del Ejército de Guatemala, fallecieron Marcela Baten Pérez y/o Marcela Báten Pérez, Ancelmo Alejandro López Báten y/o Ancelo Alejandro López Baten, Antonia López Baten y/o Tona López y Julia López Baten.

30.64. Tu Uchuch. En el paraje Tu Uchuch, aldea Acul, Santa María Nebaj, Quiché, el 30 de octubre de 1982, debido a las condiciones inhumanas creadas por los soldados del Ejército de Guatemala, falleció Jacinta Velasco.

30.65. Sajsiban. En la aldea Sajsiban, Santa María Nebaj, Quiché, a finales de noviembre de 1982, debido a las condiciones inhumanas creadas por soldados del Ejército de Guatemala, fallecieron Diego Terraza Sánchez, Francisco Terraza Cruz, Rosa Terraza Cruz.

30.66. Xemanzana. En el cantón Xemanzana, aldea Quejchip, Santa María Nebaj, Quiché, durante diciembre de 1982, a causa de las condiciones inhumanas creadas por soldados del Ejército de Guatemala, falleció Teresa Cobo Matóm de cuatro años de edad.

30.67. Vipecbalam. En la aldea Vipecbalam, Santa María Nebaj, Quiché, durante el mes de marzo de 1983, debido a las condiciones inhumanas creadas por el Ejército de Guatemala, falleció Domingo Herrera Pérez.

30.68. Santa Clara. En la aldea Santa Clara, San Gaspar Chajul, Quiché, durante el mes de marzo de 1983, debido a las condiciones inhumanas creadas por soldados del Ejército de Guatemala, falleció Manuel Tiu Espinoza.

30.69. El Mirador. En las montañas de la aldea El Mirador, San Gaspar Chajul, Quiché, el 23 de abril de 1983, debido a las condiciones inhumanas creadas por soldados del Ejército de Guatemala, falleció Antonia Carrillo y/o Antonia Carrillo Juan de seis años de edad.

30.70. Santa Clara. En la aldea Santa Clara, San Gaspar Chajul, Quiché, durante el mes de mayo de 1983, debido a las condiciones inhumanas creadas por soldados del Ejército de Guatemala, falleció María Itzep Atabal y/o María Itzep Akabal y/o María Itzep Acabal de cuarenta y seis años.

30.71. Santa Marta. En la aldea Santa Marta, Santa María Nebaj, Quiché, durante el mes de julio de 1983, debido a las condiciones inhumanas creadas por soldados del Ejército de Guatemala, falleció Margarita Raimundo y/o Margarita Raymundo.

30.72. Santa Clara. En la aldea Santa Clara, San Gaspar Chajul, Quiché, el 27 de julio de 1983, debido a las condiciones inhumanas creadas por soldados del Ejército de Guatemala, falleció Catarina Tojin Tum.

30.73. Finca San Joaquín Chel (conocida también como Covadonga), municipio de San Gaspar Chajul, Quiché, en el mes de abril de 1982, soldados del Ejército de Guatemala, atacaron a la población civil de dicho lugar dando muerte al niño Pedro Pablo Juan, así como otras 50 personas.

30.74. Acul. En la aldea Acul, Santa María Nebaj, Quiché, entre el 22 y el 24 de abril de 1982, soldados del Ejército de Guatemala, en conjunto con patrulleros de autodefensa civil, dieron muerte a Diego Raymundo de León, Nicolás Guzaro Cedillo, Diego Hernández Baca, siendo ejecutados en la iglesia católica de la localidad, junto a otros hombres.

30.75. Tuchabuc. Tuchabuc, Xoloche, Santa María Nebaj, Quiché, el 3 de mayo de 1982 soldados del Ejército de Guatemala, helitransportados desde Huehuetenango, dieron muerte a los pobladores de dicha aldea, entre quienes se encuentran Jacinta Raymundo Gallego de dos meses de edad, Pedro Raymundo Marcos de 24 años de edad, Jacinto Raymundo marcos de 2 años de edad, Margarita Raymundo Marcos de 16 años y Magdalena de León de 21 años.

30.76. Xelocvitz. En el lugar conocido como Xelocvitz de la aldea Sacsiban, el 15 de abril de 1982, soldados del Ejército de Guatemala dieron muerte a Rafael Marcos Zet de 13 años ahorcándolo.

30.77. Tu Uchuch. En el cantón Tu Uchuch, Santa María Nebaj, Quiché, en junio de 1982, debido a las condiciones inhumanas creadas por soldados del Ejército de Guatemala en contra de la población civil, muere el niño Pedro García de León.

30.78. Batzcorral. En el cantón Batzcorral del municipio de Santa María Nebaj, Quiché, soldados del Ejército de Guatemala capturaron a seis personas, entre ellas a Andrés Pedro, Juan Bernal de Paz, Gaspar Bernal, siendo estos traslados al destacamento militar de Santa María Nebaj, Quiché.

30.79. Palop Chiquito. En la aldea conocida como Palop Chiquito, Santa María Nebaj, Quiché, soldados del Ejército de Guatemala atacaron a la población civil de dicho caserío y dieron muerte en el hecho a Pedro Chávez,

Pedro Brito Bernal y Juana Brito el 15 de agosto de 1982.

30.80. Finca San Francisco. En la Finca San Francisco, San Juan Cotzal, Quiché, soldados del Ejército de Guatemala, atacaron a la población civil, el 15 de agosto de 1982, día de plaza, dando muerte a Juan Batzolom Vásquez a quien dispararon y luego lo tiraron al río.

30.81. Sajsiban. Aldea Sajsiban, Santa María Nebaj, Quiché, debido a las condiciones inhumanas creadas por soldados del Ejército de Guatemala contra la población civil de la aldea Sajsiban, Santa María Nebaj, en octubre de 1982, murió por hambre la niña Jacinta González Marcos de aproximadamente un año de edad en Xelovitz, Sajsiban.

30.82. Tujolom. Aldea Tujolom, Santa María Nebaj, Quiché, en donde dentro de un contexto de persecución durante el mes de noviembre de 1982, debido a las condiciones inhumanas creadas por soldados del Ejército de Guatemala, falleció Francisco Rivera por enfermedad y hambre.

30.83. Sajsiban. Aldea Sajsiban, Santa María Nebaj Quiché, el 15 de noviembre de 1982 en donde soldados, del Ejército de Guatemala, en un ataque contra la población civil de dicho lugar dieron muerte a Sebastián Terraza Marcos, entre otras personas.

30.84. Sajsiban. Aldea Sajsiban, Santa María Nebaj, Quiché, en donde la aldea fue atacada por soldados del Ejército de Guatemala y patrulleros de autodefensa civil, en el mes de diciembre de 1982, dando muerte a Marta Cruz Cruz de 13 meses de edad.

30.85. Cantón Xelocwitz. En el cantón Xelocwitz, de la aldea Sajsiban, Santa María Nebaj, Quiché, debido a las condiciones inhumanas creadas por soldados del Ejército de Guatemala contra la población civil el 10 de enero de 1983, falleció por desnutrición la niña Engracia Cruz Raymundo, de 2 años; y posteriormente el 15 de enero del mismo año, falleció Gaspar Santiago Bautista, 68 años y el 15 de mayo murió por hambre, la señora Engracia Cruz, 58 años. Así mismo, María Santiago Raymundo, falleció por desnutrición en 1983.

30.86. Sumal II. En el lugar conocido como Sumal II, de la aldea Vicalama, Santa María Nebaj, Quiché, el 22 de febrero de 1983, soldados del Ejército de Guatemala atacan dicho dándole muerte a Miguel Terraza Raymundo.

30.87. Santa Clara. En la aldea Santa Clara, San Gaspar Chajul, Quiché, durante el mes de marzo de 1983, en dónde dentro de un contexto de persecución, debido a las condiciones inhumanas creadas por miembros del Ejército de Guatemala, falleció Manuel Tiu Espinosa.

30.88. Finca Estrella Polar. Finca Estrella Polar, San Gaspar Chajul, Quiché, debido a un ataque perpetrado por soldados del Ejército de Guatemala contra población civil en dicho lugar, la población se desplazó a la montaña, por lo que el 10 de abril de 1983, murió de hambre María Carrillo Pérez de dos años de edad.

30.89. Xesayí. En el caserío Xesayí de la aldea Chel, San Gaspar Chajul, Quiché, el 12 de abril de 1983, soldados del Ejército de Guatemala y patrulleros de autodefensa civil dieron muerte a: Catarina Morales, Miguel Bernal Morales, Juan Bernal Morales, Argentina Cruz López, Juana Raymundo Raymundo, Catarina Gallego Bernal, Catarina Bernal Cruz, Domingo Bernal Cruz, Gaspar Bautista Raymundo, Pascual Bautista Raymundo, Magdalena Bautista Brito, Pascual Bautista Brito, Ana Caba Mendez, Pedro Bop Caba y Catarina Morales.

30.90. Santa Clara. En la aldea Santa Clara, San Gaspar Chajul, Quiché, el 14 de junio de 1983, donde dentro de un contexto de persecución, soldados del Ejército de Guatemala dieron muerte a Jacinto Itzep Utuy.

30.91. Vijolom II. Vijolom II, Santa María Nebaj, Quiché, soldados del Ejército de Guatemala atacaron a la población civil de la aldea el 18 de julio de 1983 en el que dieron muerte a Tomás Raymundo Raymundo, disparándole en la espalda y en las piernas cuando este salió de su casa.

30.92. Visumal. En el lugar denominado Visumal, en las montañas de la aldea Vicalama, Santa María Nebaj, Quiché, debido a las condiciones inhumanas creadas por soldados del Ejército de Guatemala contra la población civil, en agosto de 1983, en las montañas de la aldea Vicalama, en el lugar denominado Visumal, se murió Francisco de Paz Corio.

30.93. Aldea Parramos. Aldea Parramos, Santa María Nebaj, Quiché, debido a perpetrado [sic] por soldados del Ejército de Guatemala contra la población civil de la Aldea Parramos se capturó y desapareció a Rosario Ceto Guzaro en agosto de 1983.

31. Los operativos militares, además de dar muerte a los miembros del grupo en forma selectiva y/o masiva, durante el período en que el acusado JOSÉ EFRAÍN RÍOS MONTT, ejerció los cargos referidos, produjeron en los miembros del grupo étnico maya ixil lesiones a la integridad física y mental de forma individual y colectiva, cuyos efectos aún son visibles.

32. Las unidades militares ejecutaron, entre otros actos de violencia sexual y tortura, bombardeos a las comunidades, destrucción y saqueo de bienes, así como persecución en los lugares de refugio, ocupación y destrucción de lugares sagrados para la cultura maya ixil; así como, la ejecución selectiva de referentes sociales de la comunidad, provocando el terror generalizado en la población.

33. Respecto a las lesiones físicas estas fueron producto de los operativos ejecutados en los que las personas heridas no recibieron atención médica fueron obligadas a desplazarse y curarse en los centros de refugio; por otra parte, niñas, mujeres adultas y ancianas fueron objeto de diversos actos de violencia sexual, previamente a darles muerte. Las mujeres sobrevivientes, por su parte, dados los valores culturales, mantuvieron y mantienen silencio frente a los actos de violencia sexual por

temor a ser rechazadas por la comunidad y la vergüenza que tales actos les han producido.

34. Las personas que fueron capturadas fueron sometidas a interrogatorios tácticos que incluían, entre otros, castigos, tratos crueles, inhumanos y degradantes antes de provocarles la muerte.
35. Las personas sobrevivientes a los actos de tortura fueron obligadas a desempeñar funciones en las patrullas de autodefensa civil, siendo dentro de estas estructuras obligadas a delatar, infligir castigos y dar muerte a miembros pertenecientes a su propio grupo étnico.
36. Los planes de campaña y planes operativos elaborados y autorizados durante la época en que el acusado JOSÉ EFRAÍN RÍOS MONTT, ejerció los cargos mencionados, a pesar de advertir los ataques a la población civil perteneciente al grupo étnico maya ixil, dispusieron en la planificación respectiva que los miembros de las tropas tuvieran acceso sexual a mujeres y medios de diversión; utilizando de esta manera a las mujeres de dicho grupo étnico como botín de guerra. De igual manera, se estableció que las personas capturadas fueran sometidas a "interrogatorios tácticos".
37. Se evidencia que el acusado JOSÉ EFRAÍN RÍOS MONTT, institucionalizó estas prácticas a través de la planificación, supervisión y coordinación de los operativos militares, en los cuales, el límite para evitar la afectación de los derechos y libertades de los miembros del grupo étnico maya ixil fueron tolerados y hasta incentivados en los planes respectivos.
38. Los efectos de las lesiones físicas y mentales provocadas a los miembros del grupo étnico maya

ixil, por los operativos militares ejecutados, como mínimo son los siguientes:

38.1 En el plano psicosocial a nivel colectivo, produjo la ruptura del tejido social, en ese marco se ha establecido, entre otras consecuencias para el grupo, la ruptura de las relaciones de confianza; la creación de vacíos de comunicación en el grupo ixil, en el cual la transmisión oral es de vital importancia; el silencio y la desconfianza a su vez han producido el aislamiento social en las familias y comunidades que retornaron de su desplazamiento, debido a la estigmatización.

38.2 Se ha podido establecer que los miembros del grupo en forma individual sufrieron lesiones psicológicas, las cuales aún persisten y se manifiestan en estrés postraumático, duelo alterado y enfermedades psicosomáticas y físicas.

39. Durante el período en que el acusado JOSÉ EFRAÍN RÍOS MONTT, ejerció los cargos referidos, miembros del Ejército de Guatemala, patrulleros de autodefensa civil y comisionados militares realizaron operativos selectivos, masivos y persecuciones en contra de mujeres, ancianas, adultas y niñas por su condición de género, obligándolas entre otros actos a tener relaciones sexuales con quienes desarrollaban los operativos militares. Tales actos se ejecutaron de manera sistemática.

40) La mayoría de mujeres que sufrieron actos de violencia sexual fueron ejecutadas posteriormente y las sobrevivientes, por los valores culturales que

poseen, no pusieron en conocimiento los abusos sexuales de que fueron objeto.

41) Se han identificado actos de violencia sexual en contra de las mujeres ixiles capturadas durante el desplazamiento y en los centros de detención militares.

42) Como muestra de los actos de violencia sexual ejercida en contra de mujeres pertenecientes al grupo étnico maya ixil, como mínimo, durante el tiempo en el que usted ejerció los cargos mencionados, de las víctimas objeto de violencia sexual que sobrevivieron y dieron su testimonio sobre estos actos, son las siguientes:

42.1) San Juan Cotzal, Quiché. En el mes de mayo de 1982, Ana López una mujer perteneciente al grupo étnico maya ixil, fue sustraída de su domicilio por soldados del Ejército de Guatemala y fue llevada en contra de su voluntad al destacamento de la localidad, donde fue acusada de ser guerrillera. En el destacamento fue torturada, violada y privada de su libertad por un lapso de aproximadamente 10 días.

42.2) Xemamatze. Xemamatze, Santa María Nebaj, Quiché, en 1982, miembros del Ejército de Guatemala y patrulleros de autodefensa civil, se presentaron a su casa de habitación, la incendiaron y procedieron a abusar sexualmente de Magdalena Bernal de Paz.

42.3) Chi'sis, San Juan Cotzal, Quiché. Miembros del Ejército de Guatemala y patrulleros de autodefensa civil, atacaron la comunidad Chi'sis, San Juan Cotzal, Quiché, el 19 de abril de 1982, dentro de ese marco violaron a la señora Juana Sánchez Toma, quien era acusada de ser guerrillera.

43) Como ya se ha indicado, la violencia sexual produjo daños a nivel colectivo y a nivel individual a mujeres miembros del grupo étnico maya ixil. En el plano colectivo, la violencia sexual no solo afectó a las víctimas directas, sino que además proyectó un daño grave al colectivo que considera a la mujer como un símbolo de procreación y de trasmisión de la cultura. De tal manera que mancillar su dignidad significó dañar de manera grave la integridad del grupo étnico maya ixil.

44) En la Finca San Joaquín Chal, municipio de San Gaspar Chajul, Quiché, miembros del Ejército de Guatemala atentaron contra la vida de los trabajadores de la finca, mataron animales de corral y quemaron las casas, etc. Como producto de dicho ataque, la población se desplazó hacia las montañas por dos años. En ese lapso, el Ejército les buscó varias veces, quemó los refugios improvisados al encontrarlos. Finalmente, el grupo desplazado decidió entregarse al Ejército en la aldea Ilom, y de allí fueron trasladados a la Finca La Perla donde estaba el destacamento militar y nuevamente fueron trasladados a Ilom en donde estuvieron aproximadamente año y medio.

45) En Villa Hortensia II, San Juan Cotzal, Quiché, los sobrevivientes del ataque perpetrado por soldados del Ejército de Guatemala contra la población civil de la aldea Villa Hortensia II, San Juan Cotzal, Quiché, el 15 de abril de 1982, se desplazaron temporalmente a la montaña, y posteriormente se entregaron a los soldados en Cotzal, quienes

les obligaron formar parte de la patrulla de autodefensa civil.

46) En Palop, Santa María Nebaj, Quiché. El ataque perpetrado por soldados del Ejército de Guatemala al grupo étnico maya ixil de la población civil de Palop, el 15 de agosto de 1982, registró la quema de viviendas, a raíz de dicho ataque los sobrevivientes se desplazaron a la montaña y posteriormente fueron encontrados por soldados y patrulleros y fueron trasladados a La Pista, en donde permanecieron por un año.

47) En Chipal de la aldea Villa Hortensia II, San Juan Cotzal, fue atacado por soldados del Ejército de Guatemala, el 10 de septiembre de 1982; en dicho ataque se registra la destrucción de bienes en manos de la fuerza responsable por lo que los sobrevivientes huyen al caserío Kisis en la Montaña viviendo en condiciones inhumanas. En la montaña, el Ejército capturaba gente, violaba a las mujeres y a los hombres capturados los obligaba a formar parte de la patrulla de autodefensa civil.

48) En Vijolom III, Santa María Nebaj, Quiché. El ataque perpetrado por soldados del Ejército de Guatemala en contra la población civil de la aldea Vijolom III, el 23 de septiembre de 1982, contempló la quema de casas, maíz y matanza de animales; esto produjo que las familias sobrevivientes huyeran a la montaña a vivir por un año en condiciones inhumanas. En la montaña fueron bombardeados y perseguidos por el Ejército, quienes a veces destruían todo lo que encontraban. En este contexto, varias personas fallecieron por hambre y enfermedad. Posteriormente fueron capturados por el Ejército y fueron llevados al lugar deno-

minado La Pista, donde estuvieron bajo vigilancia y control militares.

49) En Aldea Sajsiban, Santa María Nebaj, Quiché. Dentro del contexto de las condiciones inhumanas creadas por soldados del Ejército de Guatemala contra la población civil de la Aldea Sajsiban, en octubre de 1982.

50) En Xemanzana de la aldea Sajsiban, Santa María Nebaj, Quiché fue atacado por soldados del Ejército de Guatemala el 15 de octubre de 1982; se registra el saqueo, pérdida y destrucción de bienes en el ataque en mención y la huida de las familias sobrevivientes a la montaña donde vivieron bajo condiciones inhumanas. En la montaña fueron bombardeados y perseguidos por el Ejército, quienes a veces destruían todo lo que encontraban. Una persona fue capturada en la montaña y trasladada por el Ejército a la Finca La Perla, en donde vivió bajo el control del Ejército y patrullas de autodefensa civil.

51) En la Aldea Sacsibán, Santa María Nebaj, El Quiché. Posterior al ataque perpetrado el 4 noviembre de 1982 por los soldados del Ejército de Guatemala en contra de la población civil de Aldea Sacsibán, unas 60 personas lograron escapar a la montaña, y ya no regresaron a la comunidad durante el tiempo en que vivieron en las montañas de Sajsivan y Caba, se alimentaron de los recursos que podían tener a su alcance, dormían en champas improvisadas y sin acceso a medicamentos. Durante este lapso, los grupos de personas se movilizaban constantemente debido a la persecución del Ejército y muchos familiares fallecieron debido a las condiciones inhumanas. Un tiempo después, fue-

ron capturados en la montaña, y fueron llevados al cantón Xelocwitz y de allí al destacamento de la Finca La Perla. Ahí pasaron un año aproximadamente y luego fueron trasladados a Sajsiban.

52) Producto de las características de los operativos militares, ejecutados durante la época en la que el acusado José Efraín Ríos Montt, ejerció los cargos referidos, los miembros del grupo étnico maya ixil, aún y cuando fueran población civil no combatiente, se vieron obligados a desplazarse a áreas de refugio con el objeto de preservar sus vidas.

52) El desplazamiento fue producto de las masacres selectivas o indiscriminadas que se ejecutaban, así como por bombardeos efectuados a las comunidades. Posteriormente, como se muestra en los reportes de operaciones contenidos en el Plan de Operaciones Sofía se indica que las unidades reportaban que al llegar a las comunidades los pobladores ya las habían abandonado por temor a las acciones ejecutadas por las fuerzas de seguridad del Estado.

53) Debido a las continuas incursiones militares la población se vio obligada a abandonar sus aldeas, por lo que la mayoría de éstas quedaron despobladas, lo que dio pie a constantes bombardeos a las áreas de refugio por parte del Ejército. Al ser bombardeadas sus áreas de refugio, la población se vio obligada a desplazarse nuevamente en pequeños grupos que permitieron su rápido traslado, sin embargo, los constantes bombardeos agudizaron la peligrosidad en el traslado y sobrevivencia.

54) Debido a los desplazamientos forzados en las montañas, gran parte de la población del grupo

étnico maya ixil fue sometida a condiciones de supervivencia que finalmente provocaron la destrucción de miembros del grupo a través de cercos, rastreos y persecuciones militares que imposibilitaron el acceso a alimentación, vivienda, medicina, servicios mínimos de salud, educación, entre otros.

55) En el período del 23 de marzo de 1982 al 8 de agosto de 1983 se desplazaron, como mínimo, 29 mil personas pertenecientes al grupo étnico maya ixil que se vieron obligadas a desplazarse de sus lugares de residencia.

55) Los desplazamientos dan un total, como mínimo, de 54 comunidades del grupo étnico maya ixil desplazadas, a quienes se obligó a sobrevivir en condiciones infrahumanas que hubieran podido causar la destrucción física total o parcial de sus miembros, por los actos ejecutados por el Ejército de Guatemala, bajo su mando, que realizaron operativos durante el tiempo en que el acusado JOSÉ EFRAÍN RÍOS MONTT, ejerció los cargos ya mencionados.

56) El control militar en la región ixil consistía en la restricción del abastecimiento de alimentos básicos, ropa y medicamentos.

57) Los bombardeos, persecución, capturas, destrucción de medios de subsistencia, desapariciones, muertes individuales y colectivas, entre otras, produjeron desplazamientos masivos y de larga temporalidad dentro del territorio ixil. Además, se veían obligados a refugiarse en las montañas y serranías más alejadas, en donde se reagrupaban de manera precaria.

58) Los miembros del grupo étnico maya ixil fueron obligados a desplazarse y durante la persecución en las montañas cercadas por miembros del Ejército bajo su mando, sufrieron condiciones tales como hambre, desnutrición, enfermedades, falta de vestimenta y cobijo, sometiéndoles a condiciones adversas capaces de causar su destrucción.
59) La estrategia militar implementada fue idónea y tuvo como consecuencia el sometimiento a condiciones de existencia que pusieron en riesgo la vida e integridad física y psicológica de los miembros del grupo étnico maya ixil.
60) De acuerdo a la planificación militar implementada a través de las acciones ejecutadas por el acusado José Efraín Ríos Montt, lo que incluía decretos de amnistía, estados de sitio y movilización parcial de tropas, principalmente en el Plan de Campaña Victoria 82, se ejecutaron operativos militares de barrida y captura de población civil no combatiente perteneciente al grupo étnico maya ixil, entre los que se encontraban: mujeres, niñas, niños, ancianas, ancianos y hombres, quienes fueron trasladados a los campamentos de atención a refugiados, desplazados y amnistiados implementados por el Ejército de Guatemala, conforme a la planificación respectiva, en los tres municipios de la región ixil.
61) Inicialmente, dichos campamentos se implementaron en el municipio de Santa María Nebaj en la aldea Xejalvinte, actualmente conocida como La Pista, en el cantón Xemamatze y en la aldea Acul, lugares donde asimismo, ubicaron destacamentos militares. En el municipio de San Gaspar Chajul se ubicaron en el cantón Vipatsnaj lugar que ocupaba uno de los destacamentos militares y, en el

municipio de San Juan Cotzal en el cantón Xolosinay, lugar donde se encontraba ubicado otro destacamento militar.

A estos campamentos fueron llevados muchos desplazados miembros del grupo étnico maya ixil, que eran capturados o aquellos que debido a la falta de vivienda, alimentos, medicamentos o servicios médicos no soportaron las condiciones infrahumanas a las cuales se vieron sometidos; también se vieron obligados a entregarse al Ejército por la situación de terror.

62) En los campamentos de atención a refugiados, desplazados y amnistiados se obligó a una gran cantidad de personas concentradas a conformar las patrullas de autodefensa civil y con ello, a atacar a aquellos miembros desplazados de su propia cultura, incluso con los que anteriormente habían convivido en los lugares de refugio.

63) Los miembros de las patrullas de autodefensa civil, como parte de la estrategia militar, eran obligados por miembros del Ejército de Guatemala, bajo su mando, a ejecutar sus tareas bajo amenazas de muerte, tratos inhumanos, crueles y degradantes consistentes en: rondas de vigilancia y protección a los destacamentos, servir de guías en el terreno en operativos militares, destruir los bienes de la población civil no combatiente, realizar trabajos forzados como: dar alimentación a la tropa militar, construcción de carreteras, campamentos, casas y hasta trabajar sin remuneración en las fincas locales. En muchas ocasiones incluso eran obligados a detener a personas de la población civil, infligirles castigos, tratos crueles, inhumanos y degradantes, llegando incluso a dar muerte a

sus propios compañeros del grupo étnico maya ixil.

64) En los campamentos de atención a refugiados, amnistiados y desplazados, las personas recibían entrenamiento militar, charlas de reeducación, imposición de nuevas formas de gobierno y de relación entre ellos, en muchos casos se impuso la adopción de nuevas prácticas culturales y religiosas, ajenas a su cosmovisión.

65) Debido a acciones como las indicadas, el grupo étnico maya ixil fue destruido culturalmente de manera parcial, fragmentándolo y confrontándolo entre quienes se refugiaron en las montañas y quienes fueron concentrados.

66) En cuanto al traslado de niños, la implementación de las operaciones militares trajo como consecuencia la captura sistemática de menores de edad del grupo étnico maya ixil, quienes posteriormente fueron concentrados en los campamentos de atención a refugiados, desplazados y amnistiados. Algunos de estos menores de edad fueron trasladados por soldados del Ejército de Guatemala, fuera de su realidad cultural.

67) Durante el periodo en que ejerció los cargos referidos y producto de las acciones militares bajo su mando, como mínimo se produjeron los siguientes hechos:

67.1) En Vijolón I, Santa María Nebaj, Quiché. Durante julio de 1982 a raíz de un ataque perpetrado por soldados del Ejército de Guatemala contra la población civil de Tucalamá, aldea Vijolón I, Santa María Nebaj, Quiché, tres menores de edad pertenecientes al grupo étnico maya ixil fueron capturados por miembros del Ejército y trasladados a la ciudad capital, lugar en donde crecieron bajo la tutela de Francisco Castellanos Góngora, Jefe de la Operación Sofía.

67.2) En Chel, San Gaspar Chajul, Quiché. A partir de marzo de 1982, un menor de edad, testigo sobreviviente de la masacre de Tuchabuc, Xoloche, Santa María Nebaj, Quiché, se desplazó a la montaña en conjunto con la población sobreviviente de tales hecho donde fue capturado junto a otras personas y llevado al destacamento militar ubicado en la aldea Chel, San Gaspar Chajul, Quiché; en dicha instalación conoció a otros menores que se encontraban separados de sus padres percatándose de cómo éstos fueron evacuados de la instalación militar en mención en helicóptero y nunca los volvió a ver.

68) A partir de la implementación de la planificación militar se dieron condiciones que impactaron en la reproducción de miembros del grupo; dentro de estas acciones se encuentran los actos de violencia sexual.

69) Los casos de violaciones masivas e indiscriminadas y públicas, documentadas por la CEH, superaron los 1465 casos y en su mayoría se registraron en contra del grupo étnico maya ixil (88,7% de los casos según la CEH), y en un tercio de los casos fueron niñas menores de edad y víctimas una práctica común luego de la instalación de destacamentos militares y patrulleros de autodefensa civil. Estos hechos también se vieron acompañados

de la muerte de mujeres embarazadas y la destrucción de fetos.

70) Las violaciones sexuales provocadas por el Ejército de Guatemala fueron muchas veces sufridas en frente a sus familiares o sus comunidades. Unas menores de edad al momento de los hechos fueron violadas con sus madres y encontraron con mucha dificultad un esposo por el contexto cultural en que se dieron los hechos; otras mujeres embarazadas perdieron sus bebés por la violencia, las violaciones sexuales repetidas y prolongadas, infligidas por los soldados, enfermándose a consecuencia de estos hechos física y psicológicamente.

71) Algunas mujeres embarazadas por sus violadores fueron estigmatizadas por sus familiares y por la comunidad, al extremo que sufrieron violencia por parte de sus esposos por ser consideradas mujeres de soldado. Por vergüenza y miedo al rechazo muchas de ellas se quedaron en silencio.

72) En la cultura maya ixil las mujeres tienen un rol preponderante tanto en el mantenimiento de los valores culturales como en la organización social, pues permiten consolidar el futuro del grupo étnico, proporcionando a los niños una educación basada en la cosmovisión indígena maya ixil que constituye base para el sostenimiento de esta cultura. El hecho de apropiarse físicamente de las mujeres mediante actos de violación, y darles o no muerte, constituye un acto que desmoraliza tanto a hombres como mujeres y constituye un aspecto que contribuyó a socavar la base de la identidad y de la reproducción física de los miembros de la etnia maya ixil.

73) Producto de la estrategia militar en contra de la población civil no combatiente perteneciente al grupo étnico maya ixil, el mismo fue afectado sustancialmente. Durante el conflicto armado interno miembros del Ejército de Guatemala, comisionados militares y patrulleros de autodefensa civil provocaron:

73.1) La muerte de miles de personas del grupo étnico maya ixil, radicados en los municipios de San Juan Cotzal, Santa María Nebaj y San Gaspar Chajul.

73.2) El desplazamiento de al menos 29,000 personas pertenecientes al grupo étnico maya ixil radicados en los municipios de San Juan Cotzal, Santa María Nebaj y San Gaspar Chajul.

73.3) La violación sexual de niñas, mujeres y ancianas que denunciaron tales hechos e incontables víctimas que sufrieron estos actos antes de ser ejecutadas o que no han querido dar su declaración dada la valoración de la mujer dentro de la cultura propia del grupo étnico maya ixil.

73.4) Niños trasladados a otras culturas, sin que aún se haya establecido la cantidad que fueron incluso dados o tomados en adopción por miembros del Ejército.

73.5) Ataques, persecución, cercos y bombardeos a las comunidades en donde residían o se refugiaban los miembros del grupo étnico maya ixil, así como, la ocupación de centros sagrados, entre los que se encuentra el cerro Sumal.

74) Las acciones ejecutadas por el acusado JOSÉ EFRAÍN RÍOS MONTT, durante su mandato, contribuyeron a la materialización de actos que produjeron la destrucción significativa del grupo étnico maya ixil.

75) Todos los operativos militares ejecutados en contra del grupo étnico maya mencionados anteriormente, pudieron llevarse a cabo ya que el acusado JOSÉ EFRAÍN RÍOS MONTT, generó las condiciones para la dotación de tropas regulares y fuerzas especiales, así como del armamento, alimentos, aeronaves de la fuerza aérea guatemalteca y otros recursos necesarios para su ejecución.

76) La ejecución de la estrategia autorizada por el acusado JOSÉ EFRAÍN RÍOS MONTT, así como la aprobación, supervisión de su ejecución y dotación de recursos para la ejecución de los planes estratégicos y operativos, tuvo como consecuencia una serie de violaciones a los derechos de la población civil no combatiente cometidas por miembros del Ejército de Guatemala, bajo su mando.

77) Se ha establecido que durante dichas operaciones se realizaron torturas, tratos crueles e inhumanos, saqueos, quemas y destrucciones de casas, escuelas, iglesias. Además, en dichas operaciones, se atentó en contra de la integridad personal de la población civil no combatiente perteneciente al grupo maya ixil.

78) En ese tipo de ataques miembros del Ejército de Guatemala, bajo su mando, robaron bienes muebles, ropa, herramientas de trabajo y animales, y se utilizó la violencia sexual como un "arma de guerra", que es considerada por el Derecho Internacional como tortura en la medida que se perpe-

traron de manera repetitiva y prolongada por hallarse las mujeres bajo el dominio de otra persona, en este caso los miembros del Ejército de Guatemala. Estas acciones en su conjunto tuvieron como objetivo consolidar el resultado de sus operaciones militares en el marco de la estrategia contrainsurgente.

79) Que el acusado JOSÉ MAURICIO RODRÍGUEZ SÁNCHEZ, en su calidad de Jefe de la Segunda Sección del Estado Mayor General del Ejército posteriormente Estado Mayor de la Defensa Nacional, desempeñó el cargo, durante el período comprendido del 23 de marzo de 1982 al 31 de julio de 1983, durante el tiempo que ejerció dicho cargo, contribuyó a diseñar, ejecutar y supervisar dentro de su campo funcional, la inteligencia militar.

[...]*

* En la sentencia en este punto continúa "IV) Razonamientos que inducen al tribunal a condenar o absolver", en el original va de la página 145 a la página 682.

IV) De la responsabilidad penal de los acusados y la calificacion legal de los delitos

Una de las formas de situarnos en el contexto histórico en el cual se encuentra inmerso el hecho que se juzga, lo constituye el reconocer que existió un conflicto armado en Guatemala, que abarcó de mil novecientos sesenta y dos a mil novecientos noventa y seis, período dentro del cual se aplicó la Doctrina de la Seguridad Nacional. Dentro de ese período, se produjo el golpe de Estado protagonizado por el General José Efraín Ríos Montt, el veintitrés de marzo de mil novecientos ochenta y dos. En el área ixil, en las aldeas y caseríos de Santa María Nebaj, San Juan Cotzal y San Gaspar Chajul, se produjeron muertes violentas de seres humanos, violaciones y arrasamiento de las aldeas, lo que obligó al grupo maya ixil a desplazarse para salvar sus vidas. Surgiendo destacamentos y campamentos militares en donde se les obligó a formar parte de las patrullas de auto defensa civil. Dando a la población civil, nuevas formas de gobierno. Tomando como base ese contexto del pasado reciente de la historia de Guatemala, recogida tanto por la Comisión de

Esclarecimiento Histórico, como el Informe de Recuperación de la Memoria Histórica, los Juzgadores hacemos el anális siguiente:

A. Del delito de genocidio

La declaración e informe pericial de la Doctora Elizabeth Ann Oglesby, quien explicó que al efectuar el análisis del Plan Victoria Ochenta y dos, determinó que en mil novecientos ochenta y dos el objetivo era anular a los comités clandestinos, no sólo a la guerrilla, habiéndose aniquilado a población civil, porque se consideró que la población ixil, era base de apoyo de a guerrilla, razón por la cual el ejército llegó a considerar a la población civil enemigo interno, habiendo contemplado el exterminio de la población, lo que se materializó en las masacres indiscriminadas en el área ixil, violación de mujeres, niñas y ancianas, bombardeos, quema de viviendas, siembras y muerte de animales. De acuerdo con lo indicado por la perito Oglesby, se produjo la destrucción del entorno social y cultural de los ixiles, a los que se consideró como rebeldes, un pueblo difícil que no se sometía a los ladinos, se les estigmatizó para aniquilarlos. En su amplio peritaje indicó que en el Plan de Campaña Firmeza Ochenta y tres, el ejército veía a las poblaciones como subversivas y enemigas. Por lo tanto el ejército no hizo diferencias entre población civil y gente armada, iniciando estrategia de persecución. En el Plan Firmeza Ochenta y Tres, el objetivo es el control físico y psicológico, se establece arrasar las poblaciones y sus cosechas, despojando a la población de sus fuentes de alimentación. Determinando que existió Planificación del Alto Mando Militar, que se concretizó en el uso de aviones y helicópteros para destruirlos, lo que dio lugar a la persecución de gente a la montaña, afectando a los más vulnerables. En la aplicación del Plan Sofía, se utilizó el hambre, como estrategia del ejército, se produjo la criminalización de las culturas ixiles, obligando a la población a dejar de usar su traje típico, produciéndose el repoblamiento militarizado, como las aldeas modelo, en donde se practicaron patrones de militarización, sometimiento y participación forzada en las patrullas de auto defensa civil. A partir de mil novecientos ochenta y tres, se persiguió la creación de un nuevo modelo indígena. La perito OGLESBY, fue clara en indicar que en mil novecientos ochenta y dos y mil novecientos ochenta y tres, se implementó un exterminio contra los ixiles, que califica como Genocidio. Se criminalizó por ser ixil, y el sólo hecho de pertenecer a ese grupo indígena, llegó a ser un delito mortal.

La declaración e informe pericial rendidos por el Doctor HÉCTOR ROBERTO ROSADA GRANADOS, explica cómo surgió la Doctrina de la Seguridad Nacional y la polarización entre comunismo y capitalismo, siendo asumida en Guatemala, como una forma de defender a las elites dominantes, identificando a quienes estaban en contra como "enemigo interno" del Estado. Dentro de ese contexto en marzo de mil novecientos ochenta y dos, presenta el estudio de la estructura de poder y el comportamiento militar, explicando los cambios que produjo el golpe de Estado del ochenta y dos, explicando cómo se produjo el enfrentamiento del pueblo contra el pueblo, y cómo se eliminó a la población civil al considerar que era la base de la insurgencia. Su peritaje permite comprender que se consideró a los ixiles, como soporte de la guerrilla, utilizando como estrategia el matarlos de hambre, porque se les identificó como un grupo de la población que trasladaba alimentos, apoyo e información a la guerrilla. Aunado al problema de racismo, con el proceso de degradación que produce en el ser humano y que rompe la identidad del pueblo. de acuerdo con la declaración y peritaje efectuado por el Doctor ROSADA GRANADOS, en Guatemala, en la región del Quiché, en los años comprendidos de mil novecientos ochenta y dos a mil novecientos ochenta y tres, se cometió sistemáticamente el delito de Genocidio, porque se produjo la eliminación de un grupo étnico, lo cual trajo como resultado el sometimiento del grupo y su desplazamiento, habiéndose producido acciones de represión masiva y matanzas indiscriminadas perpetradas contra la población maya ixil, tendientes a su aniquilación, evidenciando un patrón de agresión genocida.

Los informes antropológicos y arqueológicos, que fueron ratificados por los peritos sirven para establecer la existencia de cementerios clandestinos que muestran la existencia de grupos de personas enterradas tanto en fosas individuales como colectivas, determinándose que las osamentas encontradas en su mayoría tienen disparos de arma de fuego, en regiones como la cabeza y el tórax. Lo que evidencia que primero les dispararon y después fueron enterrados, confirmándose así lo indicado por los testigos, quienes manifestaron la forma en que fueron masacrados sus familiares. Estos cementerios clandestinos, se visualizan en el informe pericial presentado por el perito MARLON ERICK GEOVANNI GARCÍA ARREAGA, en donde se observan las fosas encontradas a inmediaciones del río Chel o

Chajul, observándose los esqueletos en las fosas, con indicadores de violencia circunmorten, entre ellas fracturas completas en costillas, heridas en la cabeza, en mandíbula y cuello, los indicadores de edad, los objetos asociados a procedencia étnica, lo que viene a corroborar lo indicado por las personas que declararon acerca de la muerte de sus familiares.

Con la declaración de los testigos DIEGO CETO SANTIAGO, TOMAS CHAVEZ BRITO, PEDRO MELENDREZ RAYMUNDO, PEDRO BRITO BRITO, MARCOS POP SANCHEZ, PEDRO SOLIS CRUZ, SANTIAGO PEREZ LUX, JUAN PEREZ, JUAN LOPEZ MATON, PEDRO BRITO BRITO, MARCOS POP SANCHEZ, PEDRO SOLIS CRUZ, SANTIAGO PEREZ LUX, JUAN PEREZ, JUAN LOPEZ MATON, PEDRO CHAVEZ BRITO, JACINTA RIVERA BRITO, DOMINGO RIVERA COBO, CATARINA SANCHEZ SOLIS, JUANA BERNAL VELASCO, MIGUEL GUZARO SANCHEZ, JACINTO BRITO CORZO, SEBASTIAN CEDILLO RAYMUNDO, JUAN LOPEZ CORIO, FRANCISCO CHAVEZ RAYMUNDO, MIGUEL RAYMUNDO COBO, GASPAR VELASCO, DOMINGO RAYMUNDO COBO, FELICIANA BACA, MIGUEL RAMIREZ MATON, CECILIA SANCHEZ SANCHEZ, GABRIEL DE PAZ PEREZ, FRANCISCO COBO RAYMUNDO, MAGDALENA DE PAZ CEDILLO, NICOLAS GUZARO CEDILLO, MAGDALENA BERNAL TERRAZA, JUAN RAYMUNDO MATON, PETRONA RAYMUNDO BRITO, PEDRO DEL BARRIO CABA, ANDRÉS LAINEZ CHAVEZ, JUAN SAJIC AGUILAR, JULIO LOPEZ CORIO RAYMUNDO, FRANCISCO OXLAJ GONZALEZ, ROSA CABA SANTIAGO, PEDRO BRITO, GASPAR COBO CARRILLO, PASCUAL BAUTISTA ESCOBAR, ELENA CABAJ IJON, MARÍA BERNAL MORALES, ANTONIO CRUZ GALLEGO, JACINTO VELASCO CORZO, CLEMENTE

VELASQUEZ MATEO, MAGDALENA MARCOS DE LEON, MARCELINO CASTRO, JULIÁN VICENTE PASTOR, JUANA TIU TZOY, JUANA RAMIREZ DE LA CRUZ, MARÍA CRUZ RAYMUNDO, DOMINGO RAYMUNDO RAYMUNDO, FRANCISCA CECILI BARRERA MENDEZ, DIEGO SANTIAGO CEDILLO, CIPRIANO ANTONIO BERNAL MORALES, NICOLAS BERNAL, ANA MATON RAMIREZ, JUAN CRUZ, TIBURCIO UTUY, JACINTO MARCOS RAYMUND GASPAR GONZALEZ SANCHEZ, JUANA REYNOSO CHAVEZ, MARÍA CEDILLO CEDILLO, MARGARITA RAYMUNDO MELENDREZ, FRANCISCO MATON, ANA DE LEON LOPEZ, TOMAS RAYMUNDO PEREZ, ALBERO LOPEZ PASTOR, PEDRO PACHECO BOP, JACINTO LUPAMAC GOMEZ, FRANCISCO VELASCO MARROQUIN, MANUEL PEREZ DE LEON, JUAN LOPEZ LUX, ELENA BRITO, FELICIANA RAYMUNDO GONZALEZ, NICOLÁS TOMA MATON, FRANCISCO GUZMAN RAMIREZ, CECILIA RAMIREZ RAYMUNDO, PEDRO CABA CABA, MARÍA LOARCA RODRIGUEZ, se constata que en las comunidades ixiles, se produjeron muertes en forma violenta, las cuales fueron perpetradas por el ejército de Guatemala, lo que provocó que los sobrevivientes huyeran a la montaña, para proteger sus vidas. A través de esas declaraciones, también ha quedado establecido que los habitantes de dichas comunidades, eran indígenas del área ixil, que se dedicaban a la agricultura, principalmente al cultivo de milpa.

A lo largo de las declaraciones de los testigos aportados por el Ministerio Público y las Querellantes Adhesivas, los Juzgadores hemos podido constatar que en las incursiones violentas realizadas por el Ejército, se produjeron los mismos patrones de conducta: muerte violenta de las personas con cuchillos o con armas de fuego, incendio de las viviendas, inclusive con personas adentro de las mismas; muerte sistemática de niños, adultos y ancianos, en forma indiscriminada, que sembró el terror en las personas que lograron huir y sobrevivir en la montaña. También al escuchar a los testigos propuestos por el Ministerio Público y de las instituciones que actúan como Querellantes Adhesivas, pudimos constatar el dolor de las víctimas, quienes tuvieron conocimiento de la muerte de sus seres queridos y experimentaron la impotencia de no poder hacer nada para evitarlo, quedándoles únicamente la opción de huir a la montaña en donde se refugiaron. Siendo totalmente necesario dar a conocer que las personas que huyeron a la montaña, en las diferentes regiones del área de Santa María Nebaj, San Juan Cotzal y San Gaspar Chajul, estuvieron refugiados aguantando hambre, muriendo algunas personas que no pudieron resistir la falta de alimentos y medicinas.

Las declaraciones rendidas por las mujeres ixiles MAGDALENA BERNAL DE PAZ, ELENA DE PAZ SANTIAGO, ANA LOPEZ, ANA PACHECO RAMRIEZ, MAGDALENA MATON RAYMUNDO, JUANA SANCHEZ TOMA, CARMEN TERESA PEREZ LOPEZ, MARGARITA RIVERA CETO, MARÍA CAVINAL RODRIGUEZ, CECILIA BACA GALLEGO, ANA MATON y JUANA HERNANDEZ demuestran que fueron violadas sexualmente por soldados del ejército, siendo evidente el dolor que todavía experimentan al recordar los hechos, pues se utilizó violencia física y psicológica utilizada en contra de ellas, al ser abusadas sexualmente, y según manifestó una de ellas, inclusive fue violada, por aproximadamente veinte soldados durante el tiempo que estuvo en el calabozo. Estas declaraciones demuestran en forma contundente que sí existió violación de mujeres por parte de miembros del ejército de Guatemala. Lo que también se corrobora con la declaración de los testigos JULIO VELASCO RAYMUNDO, PEDRO HERRERA BERNAL y HUGO RAMIRO LEONARDO REYES, quienes indicaron haber visto la violación efectuada a las mujeres. Y se confirma con el peritaje efectuado por la perito PALOMA SORIA MONTAÑEZ, quien fue precisa en acreditar en su peritaje que el ataque contra las mujeres fue sistemático, siendo parte de una estrategia para destruir a los ixiles. Ataque que incluyó violaciones a menores, mujeres embarazadas y ancianas. El peritaje efectuado constata que las violaciones se produjeron en forma continuada y contribuyeron a la destrucción del tejido social; explicando que tanto las violaciones y mutilaciones, ocasionaron trauma de terror, destrucción física y cultural, teniendo como objetivo eliminar a la etnia maya ixil, destacando la violencia y humillación a la que fueron sometidas las mujeres. Siendo calificada por la perito como una muestra grave de absoluta deshumanización, pues la violencia sexual se utilizó en forma intencionada, lo que concuerda con el Plan Victoria Ochenta y Dos. Destacando en su declaración y peritaje, el papel de la mujer ixil, pues las mujeres son las encargadas de la reproducción física del ser humano y la reproducción de la cultura. Lo que hace comprensible a los Juzgadores, que se haya decidido violar a las mujeres, no sólo como botín de guerra, sino también para lograr la ruptura del tejido social y lograr la eliminación de la semilla ixil, siendo por lo tanto los actos de violencia sexual y métodos usados, formas de destruir al grupo, comprobándose así la intención de destruir al grupo completo. Siendo las violaciones sexuales a las mujeres, prueba objetiva de la intención de destruir al grupo ixil.

A este análisis se une la declaración y peritaje efectuado por el Doctor JAIME ROMEO VALDEZ ESTRADA, que da a conocer el ataque armado realizado en forma sistemática por parte de miembros del ejército, lo que afectó el tejido social de las comunidades ixiles, que se vieron obligadas a refugiarse en la montaña. En su peritaje el Doctor VALDEZ ESTRADA, indica como los ixiles fueron capturados siendo obligados a conformar las patrullas de autodefensa civil, lo que contribuyó a alterar su identidad, generando rebeldía, así como cambios en su cultura para sobrevivir y hacer frente a la situación. En su amplio peritaje, indica como la situación de violencia produjo la destrucción de la cultura maya ixil. Describiendo como el desplazamiento forzado, violentó sus derechos culturales, entre ellos la posibilidad de enterrar a sus muertos. En forma objetiva hace ver como el ataque violento hacia las víctimas y la destrucción del maíz, como alimento sagrado, representa una de las prácticas para quebrar la voluntad del pueblo ixil. En forma didáctica, el historiador explica cómo las relaciones cotidianas de convivencia del pueblo ixil, se rompen, porque el ejército llegó a considerarlos como objetivo de guerra, lo que explica que el conflicto armado, conllevara una organización, pues no se realiza en forma espontánea. Este peritaje histórico, también sirve para determinar el dolor que experimentaron los ixiles, al ser desarraigados, obligándoles a abandonar sus tierras, su mundo y sus costumbres, rompiendo así el contacto con sus antepasados, en el afán de quitarles sus elementos culturales. Punto muy importante de su peritaje lo constituye el establecer que la mujer fue objetivo de guerra, concluyendo que a las mujeres embarazadas se les sacó el niño, porque es "una semilla que hay que matar", circunstancia que apreciamos los juzgadores, porque evidencia en forma objetiva, la intención de hacer desaparecer al grupo maya ixil; buscando romper con la figura de la mujer, porque es portadora de vida, la que transmite los valores de la comunidad, la que da los conocimientos básicos para la vida. Siendo admirable para los Jueces la forma en que los ixiles han defendido su identidad cultural, aún en medio de la adversidad, porque es claro que incluso se prohibió hablar el idioma materno, el cual han conservado como elemento cultural de resistencia a la imposición cultural y militar a la que fueron sometidos. El peritaje histórico pone de manifiesto que los ixiles vivían en condiciones sociales y económicas deplorables, en la miseria, en exclusión y por querer cambiar sus condiciones de vida se les llegó a considerar "enemigos", lo que llevó al ejército a intentar cambiar su mentalidad, a través de la violencia. Llegando a considerar el término ixil, igual que guerrillero, estigmatizando así a los habitantes de origen ixil por su idioma, traje y costumbres.

Resulta importante incluir dentro de nuestro análisis el peritaje efectuado por el Doctor PATRICK DONELL BALL, que demuestra en forma estadística que de abril de mil novecientos ochenta y dos a julio de mil novecientos ochenta tres, el ejército dio muerte a indígenas en el área ixil, en un cinco punto cinco por ciento, lo que viene a confirmar en forma numérica, lo dicho por las víctimas.

Dentro del análisis de cada testigo, podemos encontrar el daño físico y emocional, que todas éstas personas han sufrido, lo cual aún cuando han pasado mas de treinta años, todavía persiste, observando los Juzgadores las secuelas emocionales que presentan, las cuales son compatibles con el peritaje psicológico efectuado por la Perito NIEVES GOMEZ DUPUIS, quien en forma detallada explicó los traumas sufridos por las víctimas de las masacres, la alteración que se produjo en la identidad de los sobrevivientes de las masacres, la tortura, dolor y terror del cual fueron objeto; circunstancias que han afectado su desarrollo físico y emocional. Además de explicar el duelo alterado, al haber sido privados de enterrar a sus familiares, y realizar las ceremonias acostumbradas en la comunidad. La perito fue amplia en explicar cómo las masacres de las cuales fueron objeto los ixiles, produjo una cultura de desconfianza, desintegración familiar, y falta de seguridad afectiva en las personas que sobrevivieron los hechos. Dando a conocer la estigmatización, daños físicos y morales sufridos por las mujeres que fueron objeto de violación. Resaltando el daño mental que sufrieron las personas a raíz del desplazamiento, porque fueron desarraigadas y obligadas a dejar su vida, su mundo, su ambiente. Se les obligó en forma violenta a romper sus vínculos. Entendiendo los Juzgadores, que todos éstos fueron mecanismos utilizados por el ejército, para destruir a las personas en sí, y al grupo ixil, como tal. Siendo útil el peritaje y declaración de la perito GOMEZ DUPUIS, para comprobar la existencia de lesiones mentales, en las víctimas, pues fueron objeto de persecuciones constantes, terror y estrés extremo. Siendo obligados a huir a la montaña y los que regresaron tuvieron que participar en forma obligada a ser parte de las patrullas de autodefensa civil, vivir en destacamentos y aldeas modelos, en donde no se les permitió expresarse libremente. Todos los elementos descritos por la perito, permiten establecer al Tribunal, que las personas que sobrevivieron a las masacres, sufrieron daños psicológicos, que han repercutido en su desarrollo humano y que los efectos todavía se encuentran vigentes e incluso han afectado a los hijos de las víctimas, provocando un daño generacional, que explica la lucha del grupo por reconfigurar su identidad y la admirable necesidad de crear mecanismos para resistir, evitando la eliminación cultural de su grupo étnico.

La declaración e informe rendidos por la perito MARTA CASAUS ARZU da los insumos para comprender la diferencia conceptual de los términos discriminación y genocidio, permitiendo conocer los antecedentes históricos sociológicos referentes al Racismo, desde el siglo XVI al siglo XXI. Explicando los principales estereotipos acerca de los indígenas, haciendo ver por qué se ha considerado a los indígenas como raza inferior. Sirviendo también su peritaje para confirmar la violación de mujeres durante la guerra y comprender que se llegó a considerar que los ixiles eran enemigos públicos. Haciendo ver la perito, que existió la intencionalidad de eliminar al grupo. Además de ser útil el peritaje para establecer que se consideró el racismo como una maquinaria de exterminio, siendo el racismo la base para el genocidio. El peritaje efectuado por la perito CASAUS ARZU, sirve para establecer que la violencia sexual es expresión de racismo, deshumanización y cosificación de las mujeres violadas, lo que se confirma con la declaración de las propias mujeres ixiles que rompieron el silencio e indicaron la forma en que fueron violadas.

De acuerdo con el peritaje rendido por el Doctor RAMON CADENA RAMILA en el conflicto armado que se produjo en Guatemala, se irrespetaron Principios de Derecho Humanitario, pues se obvió distinguir entre objetivo militar y población civil, ocasionando daños superfluos e innecesarios; llegando a atacar a la población ixil, por considerarlas como enemigo interno, lo que provocó el desplazamiento de miles de pobladores, lo que se ha calificado como una persecución masiva. Quienes juzgamos entendemos que en cualquier actividad humana, al realizar un proceso de planificación, ha existido una motivación previa, un objetivo que alcanzar, las ideas surgen en el pensamiento humano, se justifican y se elaboran las actividades tendientes a la realización de los objetivos, determinando a quiénes va dirigido, la metodología, las técnicas e inclusive la evaluación de los resultados. Y esto que es aplicable para cualquier área del conocimiento, también fue utilizado y puesto en marcha en los planes operativos del Ejército, identificados como PLAN VICTORIA OCHENTA y DOS, PLAN FIRMEZA OCHENTA y TRES y PLAN SOFIA. Sólo que con la finalidad de destruir a aquellos que eran considerados como ENEMIGOS, dentro del contexto del conflicto armado que se produjo en nuestro país. Al revisarlos, puede claramente encontrarse los objetivos, para lo cual resulta importante analizarlos en la forma siguiente: el PLAN VICTORIA OCHENTA y DOS contempla como objetivos definir a la población, eliminar a los subversivos que no pudieron deponer las armas, aniquilar a los comités clandestinos locales. Ordena la militarización de las personas, así como el uso de operaciones psicológicas para cambiar su forma de pensar; se organizan redes de informantes y el adoctrinamiento diario. Contempla la formación de patrullas, puestos de registro, censos. Con la obligación de los comandos de reportar cada quince días la información. Entre los Anexos, aparece la hoja de distribución, que contempla la distribución al Presidente de la República y Comandante General del Ejército, circunstancia importante porque sirve para establecer que el acusado JOSÉ EFRAÍN RÍOS MONTT, estaba enterado del referido Plan. Además en el anexo "C", III Ejecución, primera fase aparecen contemplados los mensajes dominicales a cargo del Señor Presidente de la República, lo que significa que éstos mensajes formaban parte del Plan preconcebido. Así mismo se establece que como parte del mismo plan aparece la participación de los Ministerios y las actividades asignadas a cada uno. En el anexo F del Plan de Operaciones Victoria Ochenta y Dos, al referirse a la Situación de las Fuerzas Enemigas se reconoce la existencia de las grandes masas de indígenas del altiplano de la nación, la escasez de tierra, la inmensa pobreza, así como el vandalismo, violaciones, robos, destrucción de cosechas, cometidos por el ejército. Encontrándose en el Anexo H, las órdenes y normativas de conducta que contienen emanadas por el Comandante General del Ejército e incorporadas por el Estado Mayor General del Ejército al Plan Victoria Ochenta y dos. Lo que aparece explicado en detalle en el peritaje rendido por el perito QUILO AYUSO, en donde recapitula la participación del General Efraín Ríos Montt, como Presidente y Comandante General del Ejército.

En el mismo orden de ideas el PLAN FIRMEZA OCHENTA y TRES da lineamientos para prevenir el posible surgimiento de las organizaciones subversivas. Contemplando entre las estrategias militares el aislar a los delincuentes subversivos para que éstos sean eliminados por medio de operaciones tácticas. Contemplando entre sus objetivos el materializar los enunciados del Plan Victoria Ochenta y dos, así como alcanzar el control físico y psicológico de la población, además de neutralizar al enemigo y eliminarlo con operaciones tácticas. Dentro de este plan se establece que cada comando militar determinará la forma de operar en su área jurisdiccional, de acuerdo a la inteligencia y situación propia. Siendo el comandante el responsable de todos los aspectos tácticos y logísticos. El PLAN FIRMEZA OCHENTA y TRES contempla que al ser detectado el enemigo deberán de perseguirlo hasta lograr su captura o destrucción. Estableciendo la obligación de enviar informes periódicos de las operaciones cada quince días. Entre las estrategias militares establece la organización de la población en patrullas de autodefensa civil, el control territorial y poblacional. El apoyo aéreo, a través del Centro de Operaciones Conjuntas del Estado Mayor General del Ejército, teniendo como alterno al Centro de Transmisiones de la Fuerza Aérea Guatemalteca. Además de contemplar en el Apéndice Uno de Inteligencia, que "en las montañas del altiplano nacional, también hay campamentos nómadas de refugiados, los cuales son controlados, movilizados y politizados", lo que confirma lo dicho por los peritos ROSADA GRANADOS y OGLESBY, y testigos que declararon en relación a la forma en que huyeron a la montaña.

El PLAN SOFIA contempla el exterminio de los elementos subversivos, como parte de la misión. Da las instrucciones para que los paracaidistas y helicópteros lleguen a Palob, Parramos y otras poblaciones, para realizar las operaciones ofensivas. Es importante analizar que dentro de las instrucciones de coordinación, se indica que "debe respetarse la vida de mujeres y niños, hasta donde sea posible", circunstancia que dejó abierta la posibilidad de matar a estos elementos de la población, puesto que la instrucción debió contemplar la prohibición total para defender y proteger a la población civil, lo cual no ocurrió en el presente caso. Dentro de la documentación adjunta al Plan Operación Sofía se encuentran telegramas en los cuales se establece que se capturaron niños, los cuales fueron llevados al destacamento. En los telegramas también se informa que se tiene el control de la población y que se ha cumplido con la misión.

Siguiendo un camino lógico, encontramos que los Planes antes enunciados, guardan entre sí correlación, puesto que el Plan Victoria Ochenta y Dos, y Firmeza Ochenta y Tres dan los lineamientos, la metodología, la estrategia a seguir, mientras que el Plan Operación Sofía concretiza la realización.

A los Juzgadores nos parece importante resaltar que en su actuación el Ejército, perpetró esas masacres, haciendo uso de un mismo patrón de conducta, lo cual se verifica en las acciones realizadas en cada comunidad, siendo esta circunstancia muy importante, porque evidencia la existencia de una planificación previa y el cumplimiento de esa planificación. Por qué decimos eso? Esto es importante, pues como se ha comprobado las acciones violentas realizadas en contra de los ixiles, no fue una actividad espontánea, sino la concretización de planes previamente elaborados, que conformaban parte de la política de Estado tendiente a la eliminación de un grupo étnico determinado. Pues es evidente que los grupos militares que llegaron a cada una de las comunidades, adoptaron el mismo patrón de comportamiento, muertes violentas, incendio de viviendas, destrucción de la comunidad.

Lo cual al compararlo con las directrices existentes en el Plan Victoria Ochenta y Dos, Firmeza Ochenta y Tres y Plan Operación Sofía, vienen a constituirse en la materialización de esos planes.

Al efectuar el análisis doctrinario del Delito de Genocidio y confrontarlo con la prueba producida en el debate encontramos que con la declaración de las mujeres y hombres ixiles, se estableció que efectivamente pertenecen al grupo étnico ixil, y que tenían asentadas sus comunidades en las áreas de Santa María Nebaj, San Juan Cotzal, y San Gaspar Chajul, en el departamento del Quiché. Habiéndose comprobado hasta la saciedad que eran poblaciones civiles, dedicadas a la agricultura. A través de la prueba aportada durante el desarrollo del debate, con la declaración de las víctimas y los peritajes antes enunciados, se ha comprobado que se destruyó parcialmente un grupo étnico, en el presente caso un cinco punto cinco por ciento, de la población maya ixil. Habiéndose producido la matanza de miembros del grupo, como se demuestra con las declaraciones de las víctimas sobrevivientes, quienes claramente indicaron cómo mataron a sus familiares, así como con los peritajes antropológicos y arqueológicos que muestran la existencia de múltiples cementerios clandestinos. Quedando comprobadas las lesiones a la integridad física con las declaraciones de las víctimas, principalmente las mujeres que fueron objeto de violación y las lesiones mentales con el peritaje efectuado por la perito GOMEZ DUPUIS, quien en forma analítica detalló todos los daños ocasionados a las víctimas. En nuestro camino de análisis quedó demostrado el traslado de niños de un grupo a otro, pues tal como lo indicaron los testigos JACINTO LUPAMAC GOMEZ, TIBURCIO UTUY y JULIO VELASCO

RAYMUNDO, a los niños sobrevivientes se los llevaron a los destacamentos y después fueron trasladados a vivir en otros lugares, inclusive a la ciudad, en donde no conocían a nadie, y ni siquiera podían comunicarse en su idioma materno, negándoseles así su capacidad y libertad de expresión.

A lo largo del presente debate, se ha comprobado en forma objetiva, que la población civil del grupo ixil, residente en las aldeas y caseríos de Santa María Nebaj, San Juan Cotzal y San Gaspar Chajul, fueron objeto de asesinatos en forma masiva, constitutivos de masacres, tortura, degradación, violaciones sexuales masivas, desplazamiento forzoso, traslado de niños de un grupo a otro, por lo que los Juzgadores estamos totalmente convencidos de la intención de producir la destrucción física del grupo ixil. Constatándose que en el caso que se juzga se produjeron los elementos que configuran el delito de GENOCIDIO, regulado en el artículo 376 del Código Penal, porque se produjo matanza de los miembros del grupo; lesión grave a la integridad física o mental de los miembros del grupo, sometimiento intencional del grupo a condiciones de existencia que hayan de acarrear destrucción física, total o parcial; medidas destinadas a impedir los nacimientos del seno del grupo, así como traslado por fuerza de niños del grupo a otro grupo lo que se comprobó con la prueba antes analizada.

La declaración y peritaje militar efectuado por el Perito RODOLFO ROBLES ESPINOZA, permite establecer que los miembros del alto mando del ejército tenían el dominio del hecho, y que su posición podía, haber detenido los ataques reales a la población civil, la desaparición del grupo maya ixil e impedir la impunidad, así como la violación a los Derechos Humanos.

En su amplio peritaje, hace ver que el Estado avaló la existencia de un enemigo interno, existiendo operaciones de combate, planificación y control. Haciendo ver que en una organización es responsable el Jefe de dicha organización militar. Además de explicar que la aplicación del PLAN DE CAMPAÑA VICTORIA OCHENTA Y DOS, aplicado al área ixil, llevó los mismos patrones de conducta: muertes violentas, arrasamiento de aldeas, quema de viviendas y siembras. Lo que obligó a las personas a desplazarse, para salvar sus vidas. Mientras que otras personas se vieron obligadas a entregarse al ejército, por hambre y conformar las patrullas de autodefensa civil. El perito hizo ver que también se pusieron en práctica el PLAN FIRMEZA OCHENTA Y TRES y el PLAN OPERACIÓN SOFIA, los cuales incluían información periódica de las actividades militares realizadas, los cuales eran de conocimiento de los miembros de los Estados Mayores. Siendo evidente que los miembros del Alto Mando, tenían dominio del poder militar, para la aplicación de la estrategia; razón por la cual podían haber detenido los efectos reales, que sus subordinados estaban produciendo, para impedir la violación de los Derechos Humanos. Por lo que la responsabilidad en el alto mando alcanzó al Jefe de Estado de Facto y Comandante General del Ejército, en ese entonces JOSÉ EFRAÍN RÍOS MONTT, quien tenía liderazgo activo y conocimiento de todo lo que sucedía. Por otra parte merece la pena indicar que en el Anexo H, del PLAN VICTORIA OCHENTA Y DOS, aparece en la segunda fase del Plan, los mensajes dominicales, como actividad específica a realizarse por parte del entonces Presidente de la República, lo que corrobora que efectivamente la actividad fue previamente planificada y obedecía a los objetivos específicos elaborados. Por lo antes expuesto, los Juzgadores consideramos que el acusado JOSÉ EFRAÍN RÍOS MONTT, tuvo conocimiento de todo lo que estaba ocurriendo y no lo detuvo, a pesar de tener el poder para evitar su perpetración. Además de estar enterado de la existencia e implementación de los Planes VICTORIA OCHENTA Y DOS, FIRMEZA OCHENTA Y TRES y PLAN OPERACIÓN SOFIA, los cuales autorizó. Siendo claro al indicar que no se pueden implementar planes, sin la autorización del Comandante General del Ejército. Además de existir responsabilidad de Mando, pues el Comandante General del Ejército, es la máxima autoridad y quien ejerce el mando. Indicando que existía la responsabilidad de elaborar informes periódicos de operaciones, lo que permite establecer que las máximas autoridades militares estaban enteradas del avance de los planes. Dentro de su amplia explicación el Perito ROBLES ESPINOZA indicó que un D2 Director de Inteligencia Militar, no tiene capacidad de mando, por lo que no puede ordenar a una base militar, no puede ordenar que se entregue a detenido, no tiene ingerencia en el campo de operaciones, y no se le puede responsabilizar de ninguna acción. Aclarando que el Director de Inteligencia no tiene responsabilidad, porque no tiene mando sobre el campo de operaciones. Explicando que en el caso del Quiché, correspondía la Zona Veinte, asignada a la Fuerza de Tarea Gumarcaj.

Los Juzgadores aplicando la Lógica, la Psicología y la Experiencia, com Principios de la Sana Crítica Razonada, entendemos que el acusado JOSÉ EFRAÍN RÍOS MONTT, como Jefe de Estado De Facto y Comandante General del Ejército de Guatemala, es lógico que tuvo conocimiento de todo lo que estaba ocurriendo en las aldeas ubicadas en el Quiché, de todas las masacres que se estaban cometiendo y no lo detuvo, a pesar de tener el poder para evitar su perpetración. Por qué decimos que estaba enterado? Porque lógicamente al estar al mando del Estado de Guatemala, en su calidad de Jefe de Estado De facto, tenía conocimiento de la planificación elaborada para controlar las zonas rojas, donde creían que estaba la guerrilla, lo que les llevó a poner en práctica los Planes Victoria Ochenta y Dos, Firmeza Ochenta Y Tres y Plan Operación Sofía, en los cuales claramente se indica en que debe efectuarse el control de la población y eliminar al "enemigo interno". Por supuesto, en la práctica, no se quedó únicamente en enunciados de la planificación, sino que los planes se realizaron, pues como pudimos constatar con la declaración de los testigos, se arrasaron las aldeas, se quemaron las viviendas y mataron a las personas. Sería ilógico pensar que el Jefe de Estado De facto, en ese momento, JOSÉ EFRAÍN RÍOS MONTT, desconocía lo que estaba ocurriendo en las aldeas de Quiché, cuando los propios testigos indican que llegaban aviones y helicópteros que tiraban bombas a la población. Pues tal como lo indicó el perito JOSÉ LUIS QUILO AYUSO, el Comandante General del Ejército era el General JOSÉ EFRAÍN RÍOS MONTT, confirmando que efectivamente los Planes son autorizados por el Presidente de la República y Comandante General del Ejército y fueron elaborados por el Director de Inteligencia Militar. Siendo claro el perito al indicar que en el Plan Victoria Ochenta y Dos, en el numeral romanos dos, artículo 3, se establece el aniquilar a los Comités clandestinos, que eran fuerzas comunitarias que atentaban contra la población.

Siendo uno de los objetivos del ejército, el recuperar a la población civil. Describiendo en su peritaje la participación del General José Efraín Ríos Montt, durante el enfrentamiento armado interno, indicando que fue quien dio la orden para elaborar el proyecto del Plan Nacional de Seguridad y Desarrollo y ordenó la elaboración del Plan de Campaña Nacional, al cual se le denominó Victoria Ochenta y Dos, constatándose así que no sólo ordenó su elaboración, sino que también lo conocía y desde, luego autorizó para que se llevara a la práctica, teniendo conocimiento también de las masacres ocurridas, sin ordenar que cesaran.

Por las razones expuestas los Juzgadores consideramos que la conducta del acusado José Efraín Ríos Montt encuadra en el delito de genocidio, contemplado en el artículo 376 del Código Penal, en calidad de autor de conformidad con el artículo 36 inciso 3) del mismo cuerpo legal, por lo que debe de imponérsele la pena correspondiente.

Y en relación al acusado José Mauricio Rodríguez Sánchez, como Director de Inteligencia del Ejército, de acuerdo con lo manifestado por el perito Robles Espinoza, al indicar que un D-DOS no tiene injerencia en el campo de operaciones, y no se le puede responsabilizar de ninguna acción. Aclarando que el Director de Inteligencia no tiene responsabilidad, porque no tiene mando sobre el campo de operaciones, así como el hecho que en la coordinación de cada Comando Militar determina la forma de operar en área jurisdiccional, de acuerdo a la inteligencia y situación propia, quienés juzgamos por absolverlo de los delitos por los cuales se le acusa, en aplicación del articulo 14 de la Constitución Política de la República de Guatemala y el artículo 14 del Código Procesal Penal que indican que la duda favorece al reo.

B. De los delitos contra los deberes de humanidad

Los Juzgadores consideramos que con los medios de prueba que se han analizado, ha quedado comprobado que los pobladores de Santa María Nebaj, San Juan Cotzal y San Gaspar Chajul, pertenecían al grupo étnico ixil, personas dedicadas a las actividades agrícolas, una población civil, que fue atacada sin oponer ningún tipo de resistencia. Habiendo quedado ampliamente demostrado a través de los peritajes histórico social y militar, así como con las declaraciones testimoniales de los testigos presenciales, que los hombres, mujeres, ancianos y niños, fueron objeto de trato inhumano, siendo sacados de las viviendas en donde se encontraban, sometidos a tortura, gran cantidad de mujeres violadas y los sobrevivientes obligados a huir a la montaña para salvar su vida. Lo que demuestra el ensañamiento y perversión brutal con la cual fueron tratados. Habiendo quedado demostrado que la finalidad era hacer desaparecer al grupo étnico ixil. Los Juzgadores al efectuar el estudio y encuadramiento de las acciones efectuadas por el acusado José Efraín Ríos Montt, lo cual quedó comprobado con la prueba producida en el debate consideramos que efectivamente el sindicado José Efraín Ríos Montt, al tener conocimiento como Jefe de Estado de Facto, y Comandante General del Ejercito, y permitir la aplicación de tratos inhumanos a los pobladores civiles de las aldeas y caseríos ubicados en Santa María Nebaj, San Juan Cotzal, y San Gaspar Chajul, encuadró su conducta en los DELITOS CONTRA LOS DEBERES DE HUMANIDAD, en calidad de autor de conformidad con los artículos 36 inciso 3) y 378 del Código Penal, por lo que debe imponérsele la pena correspondiente.

En relación al acusado JOSÉ MAURICIO RODRÍGUEZ SÁNCHEZ, al no haberse demostrado su participación en los hechos que se le atribuyen, sobre todo con la declariación aportada por el perito ROBLES ESPINOZA, al indicar que un D-DOS no tiene injerencia en el campo de operaciones, y no se le puede responsabilizar de ninguna acción. Aclarando que el Director de Inteligencia no tiene responsabilidad, porque no tiene mando sobre el campo de operaciones, así como el hecho que en la coordinación de cada Comando Militar determina la forma de operar en su área jurisdiccional, de acuerdo a la inteligencia y situación propia, quienes juzgamos por absolverlo de los delitos por los cuales se le acusa, en aplicación del artículo 14 de la Constitución Política de la República de Guatemala y el artículo 14 del Código Procesal Penal que indican que la duda favorece al reo.

A) DE LA PENA A IMPONER: Los Juzgadores en cumplimiento del artículo 5 del Código Penal, procedemos a efectuar el análisis de la pena a imponer la forma siguiente: A.1 DEL MINIMO Y MAXIMO DE LA PENA PARA EL DELITO DE GENOCIDIO: El artículo 376 del Código Penal establece el delito de GENOCIDIO, contemplando la pena de treinta a cincuenta años de prisión, dentro de ese parámetro los Juzgadores hemos optado por imponer la pena de CINCUENTA AÑOS DE PRISION INCONMUTABLES. A.2 DEL MINIMO Y MAXI-

MO DE LA PENA PARA LOS DELITOS CONTRA LOS DEBERES DE HUMANIDAD: El artículo 378 del Código Penal establece la pena de veinte a treinta años de prisión, dentro de ese parámetro optamos por imponer la pena de TREINTA AÑOS DE PRISION INCONMUTABLES. El Tribunal está consciente que ningún ser humano, vive la totalidad de la cantidad de años impuesta, sin embargo en cumplimiento de la ley, hemos aplicado la pena correspondiente, porque no podemos dejar de observar que fue un considerable número de personas las que fueron asesinadas en las múltiple masacres perpetradas en el área ixil, por lo que tampoco podemos invisibilizar a las víctimas, ni dejar de cumplir con nuestro deber.

B) DE LA PELIGROSIDAD DEL PROCESADO: El Tribunal no cuenta con elementos científicos para determinar la peligrosidad del acusado.

C) DE LOS ANTECEDENTES DE LAS VÍCTIMAS: Quedó demostrado a través de los peritajes histórico social, militar, registral y declaraciones de los testigos, qué los pobladores de Santa María Nebaj, San Juan Cotzal, y San Gaspar Chajul eran personas pertenecientes al grupo étnico ixil, pacíficos, dedicados a la agricultura, población civil no beligerante.

D) DE LOS ANTECEDENTES DEL ACUSADO: De acuerdo a lo declarado por el Perito QUILO AYUSO, y la prueba documental aportada el acusado JOSÉ EFRAÍN RÍOS MONTT, en el período comprendido del veintitrés de marzo de mil novecientos ochenta y dos, al ocho de agosto de mil novecientos ochenta y tres, fue COMANDANTE GENERAL DEL EJERCITO DE GUATEMALA.

E) DEL MOVIL DEL DELITO DE GENOCIDIO Y DELITOS CONTRA LOS DEBERES DE HUMANIDAD: Tomando como base los informes histórico social y militar, así como la declaración de los testigos presentados por el Ministerio Público y las instituciones que actúan como Querellantes Adhesivas, se ha determinado que el móvil del delito estuvo constituido por la acción de eliminar en forma sistemática al grupo étnico de los ixiles, intención que se hace evidente en los asesinatos en forma masiva, constitutivos de masacres, tortura, degradación, violaciones masivas, desplazamiento forzoso, traslado de niños de un grupo a otro, por lo que los Juzgadores estamos totalmente convencidos de la intención de producir la destrucción física del grupo ixil, por considerarlos base de la guerrilla, y por lo tanto "enemigos internos", a los cuales había que aniquilarlos.

F) DE LA EXTENSION E INTENSIDAD DEL DAÑO OCASIONADO PARA EL DELITO DE GENOCIDIO Y DELITOS CONTRA LOS DEBERES DE HUMANIDAD: El daño ocasionado es de carácter irreparable, las vidas humanas que se perdieron en la masacres, rebasa todo nivel de entendimiento humano. Resulta inexplicable la actitud del acusado JOSÉ EFRAÍN RÍOS MONTT, quien teniendo conocimiento como JEFE DE ESTADO DE FACTO Y COMANDANTE GENERAL DEL EJERCITO DE GUATEMALA, permitió que el Ejército realizara todas las masacres, violaciones masivas, hostigamiento, tortura y establecimiento de destacamentos en los cuales se limitaba la libertad de las personas. Es incomprensible que el acusado, teniendo conocimiento, el poder y la capacidad para ordenar al ejército bajo su mando, permitiera que se masacrara a la población civil del grupo étnico ixil que en su mayor parte se dedicaba a la agricultura. La extensión rebasa la muerte de innumerables personas fallecidas, porque enlutó a varias familias Y la ejecución de sus pobladores, tendiente a la eliminación de la totalidad de la población ixil, con excepción de los sobrevivientes qué pudieron huir a la montaña, en donde estuvieron viviendo en condiciones infrahumanas, expuestos a la falta de alimentos, medicinas y a estarse escondiendo constantemente para evitar ser capturados. Su intensidad rebasa los límites, porque como quedó demostrado con el peritaje psicosocial efectuado por la Perito NIEVES GOMEZ DUPOIS, los familiares de las personas fallecidas se encuentran afectadas por lo ocurrido, presentando a la fecha stres postraumático. Habiendo observado los Juzgadores, el temor y dolor de los testigos al presentarse a declarar, aún cuando han pasado ya varios años. Aparte de lo indicado, los Juzgadores, tenemos que expresar que el reconocimiento del Delito de GENOCIDIO, afecta a todos los guatemaltecos, porque además de producir daño a las víctimas en forma concreta, y a sus familias, también ha dañado el tejido social de los guatemaltecos. Creemos firmemente que el reconocer la verdad ayuda a sanar las heridas del pasado y la aplicación de la justicia, es un derecho que asiste a las víctimas, el cual también contribuye a fortalecer el Estado de Derecho en nuestro país. Haciendo conciencia que este tipo de hechos no deben de volver a repetirse, porque el pueblo de Guatemala desea vivir en paz, reconociendo nuestra identidad, nuestra riqueza pluricultural, multilingüe, y el respeto a la libre expresión de nuestras ideas.

G) DE LAS CIRCUNSTANCIAS ATENUANTES Y AGRAVANTES: Los Juzgadores no encontramos circunstancias atenuantes, y en relación a las agravantes ya se encuentran comprendidas dentro de los tipos penales que describen cada delito.

DEL INCIDENTE DENOMINADO DE LA INEXISTENCIA E INAPLICABILIDAD DEL TIPO PENAL DE GENOCIDIO: El Tribunal en base al analisis efectuado en relacion al delito de Genocidio regulado en el articulo 376 del Código Penal y la participación de los acusados antes descrita, declara SIN LUGAR el Incidente denominado DE LA INEXISTENCIA E INAPLICABILIDAD DEL TIPO PENAL DE GENOCIDIO, planteado por el Abogado FRANCISCO GARCIA GUDIEL, por lo antes considerado.

DE LA REPARACION A LAS VÍCTIMAS: A lo largo de las audiencias del debate, observamos que los testigos al narrar lo acontecido en sus comunidades, y referir la forma en que murieron sus familiares, concluyen en el clamor porque se les haga justicia y la exigencia que estos hechos no se vuelvan a repetir, lo cual encaja perfectamente en el Derecho a la Verdad, a la Justicia y a la No Repetición de los Hechos, lo cual constituye un Derecho de las Víctimas. Razón por la cual el Tribunal ordena la reparación moral de las víctimas en la forma siguiente: El artículo 124, establece: Derecho a la reparación digna. La reparación a que tiene derecho la víctima comprende la restauración del derecho afectado por el hecho delictivo, que inicia desde reconocer a la víctima como persona con todas sus circunstancias como sujeto de derechos contra quien recayó la acción delictiva, hasta las alternativas disponibles para su reincorporación social a fin de disfrutar o hacer uso lo más pronto posible del derecho afectado, en la medida que tal reparación sea humanamente posible, y en su caso, la indemnización de los daños y perjuicios derivados de la comisión del delito; para el ejercicio de este derecho deben observarse las siguientes reglas: 1. La acción de reparación podrá ejercerse en el mismo proceso penal una vez dictada la sentencia condenatoria. El juez o tribunal que dicte la sentencia de condena, cuando exista víctima determinada, en el relato de la sentencia se convocará a los sujetos procesales y a la víctima o agraviado a la audiencia de reparación, la que se llevará a cabo al tercer día. 2. En la audiencia de reparación se deberá acreditar el monto de la indemnización, la restitución y, en su caso, los daños y perjuicios conforme a las reglas probatorias y, pronunciarse la decisión inmediatamente en la propia audiencia. 3. Con la decisión de reparación, y la previamente relatada responsabilidad penal y pena, se integra la sentencia escrita. 4. No obstante lo anterior, en cualquier momento del proceso penal, la víctima o agraviado podrán solicitar al juez o tribunal competente, la adopción de medidas cautelares que permitan asegurar los bienes suficientes para cubrir el monto de la reparación. 5. La declaración de responsabilidad civil será ejecutable cuando la sentencia condenatoria qued firme. Si la acción reparadora no se hubiere ejercido en esta vía, queda a salvo el derecho de la víctima o agraviado a ejercerla en la vía civil. En el presente caso el Tribunal haciendo aplicación del precepto citado, así como del artículo 119 del Código Penal, tomando en cuenta los dictámenes periciales y prueba producida en el debate, declara CON LUGAR la REPARACION DIGNA solicitada por los Querellantes Adhesivos y Actores Civiles ASOCIACION PARA LA JUSTICIA Y RECONCILIACION y CENTRO PARA LA ACCION LEGAL EN DERECHOS HUMANOS, en la forma siguiente:

a) Disponer que quienes ejerzan las funciones de presidentes de los poderes del Estado (Poder Ejecutivo, Legislativo y Judicial), Secretaría de la Mujer, Ministro de Gobernación y Ministro de la Defensa Nacional, de forma personal y no delegada, deberán pedir perdón a las mujeres del Pueblo maya ixil, por los actos de violencia de género, incluidos los hechos de violencia sexual ejercidos en su contra como consecuencia de los delitos de Genocidio y Delitos contra los Deberes de Humanidad de que fueron objeto durante el conflicto armado interno, en ceremonia a celebrarse en: i) el Palacio Nacional; y, ii) en cada una de las cabeceras municipales de Santa María Nebaj, San Juan Cotzal y San Gaspar Chajul.
b) Disponer que quienes ejerzan las funciones de presidentes de los poderes del Estado (Poder Ejecutivo, Legislativo y Judicial), Ministro de Gobernación y Ministro de la Defensa Nacional, de forma personal y no delegada, deberán pedir perdón ante el Pueblo maya ixil, por los actos de Genocidio y Delitos contra los Deberes de Humanidad de que fueron objeto durante el conflicto armado interno, en ceremonia a celebrarse en: i) el Palacio Nacional; y, ii) en cada una de las cabeceras municipales de Santa María Nebaj, San Juan Cotzal y San Gaspar Chajul.

c) Disponer que las autoridades educativas de centros de formación militar, policial o de cualquier entidad que desarrolle funciones de prevención, inteligencia e investigación incluyan procesos educativos permanentes, en materia de Derechos Humanos y Derecho Internacional Humanitario. Dirigidos éstos a todo el personal, a fin de que "Nunca Más" ejecuten en el ejercicio de sus funciones actos que atenten contra la diversidad cultural, el respeto a los derechos humanos y el Derecho Internacional Humanitario.
d) Disponer que quienes ejerzan el Cargo de Presidente de la República y Ministro de la Defensa Nacional depositen en las alcaldías municipales de Santa María Nebaj, San Juan Cotzal y San Gaspar Chajul un pergamino que contenga las disculpas del gobierno y el Ejercito de Guatemala al Pueblo maya ixil por los actos de Genocidio y Delitos Contra los Deberes de Humanidad cometidos en su contra.
e) Que el Ejecutivo construya un Monumento Nacional, así como en cada uno de lo municipios de Santa María Nebaj, San Juan Cotzal y San Gaspar Chajul en homenaje a las víctimas de Genocidio y Delitos contra los Deberes de Humanidad durante el conflicto armado interno, en el que se visibilice la violencia de género sufrida por las niñas y mujeres ixiles, así también la sufrida por la niñez ixil.
f) Disponer que el Ejecutivo, a través de las autoridades correspondientes, implementen centros de estudios de pre-primaria, primaria, secundaria, diversificado y universitaria en Santa María Nebaj, San Juan Cotzal y San Gaspar Chajul.
g) Que el Ejecutivo, a través de las autoridades correspondientes, incluyan dentro del Programa

Nacional de Resarcimiento, la categoría de Genocidio y Delitos contra los Deberes de Humanidad, para acceder al resarcimiento.

h) Que el Ejecutivo construya en la región ixil un Centro Cultural para el rescate y promoción de las expresiones culturales dirigido a la recuperación de la memoria histórica y la no repetición de actos en contra de la libertad de pensamiento y la identidad cultural de los pueblos.
i) Que el Ministerio Público, a través de un mural dedicado al pueblo maya ixil, reafirme su compromiso para contribuir a un Sistema de Justicia respetuoso de la diversidad cultural.
j) El Ejecutivo deberá presentar un proyecto de ley al Congreso de la República, para que se emita el Decreto Legislativo que disponga que el día veintitrés de marzo de cada año, se conmemore el Día Nacional contra el Genocidio.
k) Que el Ejecutivo desarrolle un programa de difusión del contenido de la Sentencia a través de los medios de comunicación oficiales y privados orientado a la no repetición de los actos de genocidio, la convivencia pacífica de los pueblos y respeto a la identidad cultural y lingüística.
l) Que el Ejecutivo, a través del Ministerio de Educación y Cultura, cree un Museo Itinerante que promueva a nivel nacional e internacional el respeto a la identidad de los pueblos, la convivencia pacífica y la no repetición de actos violatorios al Derecho Internacional Humanitario y de los Derechos Humanos.

En cuanto a los plazos el Tribunal a pesar de que los Querellantes Adhesivos fijaron plazos para el cumplimiento de cada una de estas actividades, considera que no puede establecer un tiempo específico, por la consecución de cada una de las actividades previstas y que el Tribunal a través de la presente resolución está admitiendo, conlleva una serie de pasos, tanto a nivel de orden jurídico, en cuanto a nivel logístico y razones presupuestarias, por esa razón el Tribunal no deja un plazo establecido para el cumplimiento de estas actividades. Bajo el entendido que las personas interesadas, en este caso los Querellantes Adhesivos, se encargarán en su momento, para que se haga efectivo ese cumplimiento, cuando la Sentencia llegue a su ejecución. También se deja constancia que en ningún momento se está condenando al Estado de Guatemala, las formas de reparación que fueron aceptadas, no constituyen condena al Estado, sino es utilización de los mecanismos adecuados, para hacer efectivo el derecho de reparación a las víctimas.

DE LA SITUACION JURIDICA DE LOS PROCESADOS: Encontrándose el acusado JOSÉ EFRAÍN RÍOS MONTT, gozando de medidas sustitutivas, revoca la medida dictada por el Juzgado Primero de Primera Instancia Penal de Narcoactividad y Delitos contra el Ambiente y se ordena la inmediata detención, con el fin de asegurar el resultado del proceso y por la naturaleza de los delitos por los cuales ha sido condenado, ordenando su inmediato ingreso a prisión. Debiéndose librar los oficios correspondientes. Encontrándose el acusado JOSÉ MAURICIO RODRÍGUEZ SÁNCHEZ, guardando prisión, y por razones de salud en un Centro Hospitalario, se le deja en la misma situación jurídica, hasta que el fallo alcance firmeza.

DE LA CONTINUACION DE LA INVESTIGACION POR PARTE DEL MINISTERIO PUBLICO: El Tribunal ordena al Ministerio Público que continúe la investigación en contra de las demás personas que pudieren haber participado en los hechos que se juzgan.

DE LAS COSTAS PROCESALES: Se exime al sindicado del pago de costas procesales.

PARTE RESOLUTIVA: El tribunal con fundamento en lo considerado, leyes invocadas y los artículos: Artículo 3 de los Convenios de Ginebra; 1, 2, 3, 4, 5, 6, 7, 8 de la Convención para la Prevención y la Sanción del Delito ce Genocidio; Tratados y Convenios en Materia de Derechos Humanos; 7,8, 9 de la Convención Americana sobre Derechos Humanos 12, 46, 203 y 204 de Constitución Política de la República de Guatemala; 1, 2, 9, 10, 20, 36, 4 50, 65, 132, 376, 378 del Código Penal; 1, 2, 3, 4, 5, 7, 11, 11 bis, 14, 15, 16, 17, 19, 20, 21, 24, 37, 40, 43, 48, 70, 71, 72, 92, 107, 108, 150, 160, 161, 162, 166, 169, 177, 181, 182, 186, 201, 202, 207, 211, 219, 220, 225, 249, 298, 332 bis, 342, 354, 355, 356, 358, 359, 360, 362, 364, 366, 368, 369, 370, 372, 375, 376, 377, 378, 380, 382, 383, 385, 386, 387, 388, 389, 390, 392, 395, 396, 397, 511 del Código Procesal Penal; 141, 142, 143 de la Ley del Organismo Judicial. Al resolver, POR UNANIMIDAD DECLARA:

I) Se declara SIN LUGAR el Incidente denominado DE LA INEXISTENCIA E INAPLICABILIDAD DEL TIPO PENAL DE GENOCIDIO, planteado por el Abogado FRANCISCO GARCIA GUDIEL, por lo antes considerado.

II) Que el acusado José Efraín Ríos Montt, es responsable como autor del delito de GENOCIDIO cometido en contra de la vida e integridad de los pobladores civiles de las aldeas y caseríos ubicados en Santa María Nebaj, San Juan Cotzal y San Gaspar Chajul.

III) Por tal delito debe imponérseles la pena de CINCUENTA AÑOS DE PRISION INCONMUTABLES.

IV) Que el acusado José Efraín Ríos Montt, es responsable como autor de los DELITOS CONTRA LOS DIBERES DE HUMANIDAD, cometidos en contra de la vida e integridad de los pobladores civiles de las aldeas y caseríos ubicados en Santa María Nebaj, San Juan Cotzal y San Gaspar Chajul.

V) Por tal delito debe imponérsele la pena de TREINTA AÑOS DE PRISION INCONMUTABLES.

VI) Las penas de prisión impuestas, deberá de cumplirlas el acusado, en el Centro Penitenciario, que determine el Juez de Ejecución correspondiente, de conformidad con el artículo 69 del Código Penal.

VII) Se absuelve al acusado José Mauricio Rodríguez Sánchez, de los delitos de GENOCIDIO Y DELITOS CONTRA LOS DEBERES DE HUMANIDAD, por lo antes considerado.

VIII) Encontrándose el acusado José Efraín Ríos Montt, gozando de medidas sustitutivas, se revoca la medida dictada por el Juzgado Primero de Primera Instancia Penal, Narcoactividad y Delitos contra el Ambiente y se ordena la inmediata detención, con el fin de asegurar el resultado del proceso y por la naturaleza de los delitos por los cuales ha sido condenado, ordenando su ingreso inmediato a prisión. Debiéndose librar lcs oficios correspondientes.

IX) Encontrándose el acusado JOSÉ MAURICIO RODRÍGUEZ SÁNCHEZ, guardando prisión, y por razones de salud en un Centro Hospitalario, se le deja en la misma situación jurídica, hasta que el fallo alcance firmeza.

X) Se suspende a el acusado, en el ejercicio de sus derechos políticos durante el tiempo que dure la condena.

XI) Se exime al acusado del pago de costas procesales.

XII) Declara CON LUGAR la REPARACION DIGNA solicitada por los Querellantes Adhesivos y Actores Civiles ASOCIACION PARA LA JUSTICIA Y RECONCILIACION y CENTRO PARA LA ACCION LEGAL EN DERECHOS HUMANOS, en la forma siguiente: [...]*

XIII) Se ordena al Ministerio Público continuar con la investigación correspondiente en contra de las demás personas que pudieren haber participado en los hechos.

XIV) Al encontrarse firme la sentencia, remítase al Juez de Ejecución para que se hagan las anotaciones e inscripciones correspondientes.

DOCTORA IRIS YASSMIN BARRIOS AGUILAR
Juez presidenta

ABOGADA PATRICIA ISABEL
BUSTAMANTE GARCÍA
Jueza vocal

* Por razones de espacio se omite esta parte de la sentencia, que ya está reproducida en páginas anteriores.

MAGISTER PABLO XITUMUL DE PAZ
Juez vocal

SONIA ELIZABETH PANIAGUA OCAMPO
Secretaria

Segunda parte
La Corte de Constitucionalidad

La sentencia que anuló la sentencia condenatoria

Expediente 1904-2013

Corte de Constitucionalidad: Guatemala, veinte de mayo de dos mil trece.

Se tiene a la vista para resolver el ocurso en queja interpuesto por José Efraín Ríos Montt contra la Sala Tercera de la Corte de Apelaciones del Ramo Penal, Narcoactividad y Delitos contra el Ambiente, constituida en Tribunal de Amparo.

Antecedentes

I. Actuaciones que motivan, el ocurso: De lo expuesto por el ocursante y del estudio de las actuaciones remitidas, se resume: a. En el amparo que promovió contra el Tribunal Primero de Sentencia Penal, Narcoactividad y Delitos contra el Ambiente de Mayor Riesgo "A" del departamento de Guatemala [también denominado en las actuaciones como Tribunal Primero de Sentencia Penal, Narcoactividad y Delitos contra el Ambiente de Mayor Riesgo del departamento de

Guatemala o Tribunal Primero de Sentencia Penal, Narcoactividad y Delitos contra el Ambiente del departamento de Guatemala], señaló como acto reclamado la resolución dictada en la audiencia de debate oral y público el diecinueve de marzo de dos mil trece, por la que esa autoridad judicial declaró sin lugar el recurso de reposición interpuesto contra la negativa de admitir para su trámite una solicitud de recusación formulada por su abogado defensor, con sustentación en aplicación del principio de preclusión procesal en función de lo previsto en el artículo 344 del Código Procesal Penal. Al asumir esa decisión desestimatoria, ello también posibilitó que se respaldaran otras decisiones asumidas en aquella audiencia, como las de separar de la defensa técnica a su abogado defensor, Francisco García Gudiel, y obligar a los abogados defensores del otro coprocesado a asumir su defensa técnica. b. La garantía constitucional fue admitida para su trámite por la autoridad ocursada, y en resolución de veintiséis de marzo de dos mil trece, se denegó el amparo provisional solicitado; esa decisión fue apelada y este Tribunal en alzada, en auto de veintidós de abril de dos mil trece dictado en el expediente un mil doscientos cuarenta y ocho - dos mil trece (1248-2013) decidió otorgar el amparo provisional, dejando en suspenso el acto reclamado. c. Sin embargo, en el ínterin, debido a una solicitud del postulante y en cumplimiento de la literal b) del artículo 28 de la Ley de Amparo, Exhibición Personal y de Constitucionalidad, la Sala ocursada en resolución de dieciocho de abril de ese mismo año, otorgó la protección interina solicitada, precisando los efectos siguientes: *"a. la suspensión del acto reclamado consistente en resolución de fecha diecinueve de marzo del presente año, dictada dentro del proceso número un mil setenta y seis - dos mil once - quince (01076-2011-00015 oficial segundo) dictado por el Tribunal Primero de Sentencia penal, Narcoactividad y Delitos contra el Ambiente, la cual declara sin lugar el recurso de reposición y se confirma la resolución de esa misma fecha por medio de la cual se ordena separar al abogado defensor Francisco García Gudiel de ejercer la defensa del accionante; b. la suspensión provisional de la audiencia de debate del proceso supra identificado hasta que éste proceso se encuentre en estado de resolver.".* Esa decisión fue apelada y, en alzada, esta Corte en auto de tres de mayo de dos mil trece, dictado dentro de los expedientes acumulados mil quinientos sesenta y tres - dos mil trece y mil quinientos setenta y tres - dos mil trece (1563-2013 y 1573-2013) la confirmó y otorgó el amparo provisional en los mismos términos decretados en primera instancia. c. Posteriormente, la Sala ocursada, el seis de mayo de dos mil trece, en el amparo de marras, dictó sentencia por la que otorgó el amparo en definitiva, conminando a la autoridad impugnada a dictar nueva resolución, de acuerdo a lo considerado en el fallo, teniendo en cuenta, además, que: "*...en resolución de fecha dieciocho de abril del año dos mil trece, otorgó amparo provisional ordenando la suspensión de la resolución de fecha diecinueve de marzo del año dos mil trece, y ordenó la suspensión temporal del presente debate hasta resolver el mismo, por otro lado consta dentro del expediente que la honorable Corte de Constitucionalidad en resolución de fecha veintidós de abril del año dos mil trece, otorgó el amparo provisional al amparista José Efraín Ríos Montt, mismos que se encuentran vigentes y que deben ser acatados por el Tribunal recurrido. Con el presente fallo al otorgar el amparo definitivo se convalida la suspensión temporal del debate hasta que el mismo sea debidamente ejecutado conforme lo que aquí fue considerado, en ese sentido es insoslayable determinar que el*

Tribunal Primero de Sentencia Penal, Narcoactividad y Delitos contra el Ambiente de Mayor Riesgo A, no ha cumplido con suspender la audiencia de debate en consecuencia se les conmina a cumplir con lo ordenado por este Tribunal Constitucional bajo apercibimiento que en caso de incumplimiento se les impondrá una multa de un mil quetzales a cada uno de los miembros del Tribunal colegiado, y de quedar sujetos a las responsabilidades legales consiguientes e informar de lo resuelto en un término de veinticuatro horas." d. Por su parte el amparista, ahora quejoso, presentó escritos de treinta de abril, dos, siete, y ocho de mayo de dos mil trece, en los que solicitó reiteradamente a la autoridad ocursada, que se diera cumplimiento a lo resuelto, pues el debate oral y público continuó, desobedeciendo lo ordenado. e. La Sala Tercera de la Corte de Apelaciones del Ramo Penal, Narcoactividad y Delitos contra el Ambiente, constituida en Tribunal de Amparo, requirió sendos informes a la autoridad impugnada, y no se pronunció respecto de la debida ejecución solicitada, sino hasta el nueve de mayo de dos mil trece, cuando dictó resolución por la que concluyó que: "...la autoridad impugnada sí cumplió con lo ordenado por esta Sala en sentencia de fecha seis de mayo del año dos mil trece, específicamente en dar trámite a la recusación y solicitud de excusa presentada por el abogado Francisco García Gudiel y en contra de los integrantes de ese Tribunal tal y como se le ordenó en la sentencia aludida." - acto ocursado-. A) ARGUMENTOS UTILIZADOS PARA CUESTIONAR LA ACTUACIÓN DE LA AUTORIDAD OCURSADA: El quejoso estima que con la resolución ocursada no se ha dado efectivo cumplimiento a lo resuelto tanto por la Sala ocursada, en la resolución de seis de mayo del año en curso, que resolvió en definitiva el amparo, como por esta Corte, en resolución de tres de mayo del año en curso, al haber confirmado el otorgamiento del amparo provisional en los mismos términos que fue decretado en primera instancia, pues el debate continuó su curso, sin que se obedeciera la orden de suspenderlo tal y como fue decidido. B) **PRETENSIÓN**: Solicitó que se ordene a la autoridad impugnada el debido cumplimiento a lo resuelto, ordenando la suspensión inmediata del debate oral y público, así como se hagan efectivos los apercibimientos, específicamente los regulados en las literales b) y c) de la Ley de la materia en cuanto a la certificación de lo conducente y la separación *ipso facto* del cargo a los miembros del Tribunal impugnado, por la gravedad de los hechos violatorios en que han incurrido, en desacato de lo ordenado por un Tribunal constitucional. II) **AUDIENCIA DE LA AUTORIDAD OCURSADA**: la Sala Tercera de la Corte de Apelaciones del Ramo Penal, Narcoactividad y Delitos contra el Ambiente, constituida en Tribunal de Amparo remitió el expediente de amparo cero mil diecinueve - dos mil trece - cero cero cero treinta (01019-2013-00030) e informó que contra la sentencia por la que otorgó el amparo en definitiva, el seis de mayo de dos mil trece, Gonzalo Danilo Rodríguez Gálvez, tercero interesado, interpuso recurso de apelación.

CONSIDERANDO

-I-

A) El imperio de la ley se extiende a todas las personas que se encuentran en el territorio de la República. Como consecuencia de esta norma de orden supremo, la Constitución Política de la República dispone que los funcionarios sólo son depositarios de la autoridad, responsables legalmente de su conducta oficial, sujetos a la ley y jamás superiores a ella. El Estado Constitucional de Derecho se hace operativo por medio de los órganos competentes delegatarios de la soberanía nacional. Esta Corte tiene como fin esencial la defensa del orden constitucional; de esa manera, las resoluciones que emite, tanto originarias como confirmatorias de las de otros tribunales "vinculan al poder público y órganos del Estado, y tienen plenos efectos frente a todos". De no ser acatadas, la ruptura del orden constitucional sería tolerada por ella misma, por lo que su ley reguladora prevé mandamientos de ejecución de resoluciones sustentadas en la ley constitucional de Amparo, Exhibición Personal y de Constitucionalidad.

B) El debido proceso contenido en el artículo 12 de la Constitución Política de la República de Guatemala, como derecho y garantía, tiene entre sus variables –todas importantes– asegurar que un proceso penal se desarrolle ante un tribunal competente, independiente e imparcial, en particular cuando se han dado manifestaciones que ponen en duda la posibilidad de que la objetividad y la igualdad prevalezcan en un juicio, por lo que el amparo constitucional debe cumplir con sus fines preventivos y reparadores.

C) El artículo 72 de la Ley reguladora de la materia dispone que si alguna de las partes afectadas estima que en el trámite y ejecución de lo decidido en un proceso constitucional de amparo el tribunal que conoce de ese proceso no cumple lo previsto en la ley o lo resuelto en la sentencia, podrá ocurrir en queja ante la Corte de Constitucionalidad para que, previa audiencia por veinticuatro horas a la autoridad ocursada, resuelva lo procedente.

-II-

José Efraín Ríos Montt ha promovido ocurso de queja contra la Sala Tercera de la Corte de Apelaciones del Ramo Penal, Narcoactividad y Delitos contra el Ambiente, constituida en Tribunal de Amparo. Su reclamo se dirige a cuestionar la falta de ejecución: a) de una decisión de amparo provisional otorgado por aquella Sala, en el numeral II del auto de dieciocho de abril de dos mil trece; y b) de lo decidido por la Sala antes indicada, en la sentencia de seis de mayo de dos mil trece, por la que se otorgó amparo definitivo al ocursante, con los efectos de confirmar en definitiva el efecto suspensivo del amparo provisional otorgado en auto de dieciocho de abril de dos mil trece, por haberse indicado que *"al otorgar amparo definitivo se convalida la suspensión temporal del debate"*.

El ocursante indica que ante el tribunal de amparo de primer grado formuló varias solicitudes encaminadas a viabilizar la ejecución del amparo provisional otorgado. Sin embargo, la autoridad ocursada no posibilitó esa ejecución, pues eludió emitir el pronunciamiento sobre lo pedido, al conferir audiencia a las partes que intervienen en el proceso de amparo, de un informe rendido por la autoridad impugnada en ese proceso, concretamente, del rendido con fecha siete de mayo de dos mil trece.

Posteriormente, la autoridad ocursada dictó la resolución de nueve de mayo de dos mil trece, en la que concluyó que *"la autoridad impugnada sí cumplió con lo ordenado por esta Sala [pero] en la sentencia de fecha seis de mayo del año dos mil trece, específicamente en dar trámite a la recusación y solicitud de excusa presentada por el abogado Francisco García Gudiel y en contra de los integrantes de ese Tribunal tal y como se le ordenó en la sentencia aludida".*

Por lo anterior, José Efraín Ríos Montt solicita que al declararse con lugar el ocurso de queja promovido: *"se ordene a la Sala Tercera de la Corte de Apelaciones del Ramo Penal, Narcoactividad y Delitos contra el Ambiente que proceda sin dilación a la ejecución del amparo provisional decretado y que disponga que de forma inmediata se le dé cumplimiento a la orden de suspensión del debate oral y público por parte de la autoridad recurrida".*

-III-

Al evacuar la audiencia conferida en este procedimiento, la Sala Tercera de la Corte de Apelaciones del Ramo Penal, Narcoactividad y Delitos contra el Ambiente, constituida en Tribunal de Amparo, remitió el expediente judicial que contiene el amparo un mil diecinueve - dos mil trece - treinta (01019-2013-00030), e indicó que Gonzalo Danilo Rodríguez Gálvez, tercero interesado, interpuso apelación contra la sentencia de seis de mayo de dos mil trece, en cuanto a la exoneración de condena en costas. El recurso en cuestión fue otorgado, de manera que aún está pendiente de emitirse el fallo de segundo grado en el proceso de amparo subyacente a este ocurso.

Sin embargo, lo anterior no es óbice para analizar si como lo sustenta la autoridad ocursada en resolución de nueve de mayo de dos mil trece, el fallo de primer grado (dictado con fecha seis de ese mismo mes y año) ya se le dio debido cumplimiento.

-IV-

Del expediente judicial remitido por la Sala Tercera de la Corte de Apelaciones del Ramo Penal, Narcoactividad y Delitos contra el Ambiente, constituida en Tribunal de Amparo, esta Corte extrae los siguientes elementos de juicio, de orden fáctico: a) José Efraín Ríos Montt promovió acción constitucional de amparo contra el Tribunal Primero de Sentencia Penal, Narcoactividad y Delitos contra el Ambiente del departamento de Guatemala. Señaló como acto reclamado la resolución dictada en audiencia oral por aquel tribunal el diecinueve de marzo de dos mil trece. Describió el amparista que, por medio de esa resolución, la autoridad denunciada en amparo declaró sin lugar un recurso de reposición interpuesto contra la negativa de admitir para su trámite una solicitud de recusación formulada por su abogado defensor contra la Juez Presidenta y uno de los Jueces vocales de aquel tribunal. La decisión denegatoria fue sustentada con invocación del principio de preclusión procesal y lo previsto en el artículo 344 del Código Procesal Penal. Indica el amparista que al asumirse esa decisión desestimatoria, ello también posibilitó que se respaldaran otras decisiones también asumidas en aquella audiencia, como lo son las de separar de la defensa técnica a su abogado defensor, Francisco García Gudiel así como obligar a abogados defensores del otro coprocesado a asumir su defensa técnica; b) en el decurso del proceso de amparo, la Sala Tercera de la Corte de Apelaciones del Ramo Penal, Narcoactividad y Delitos contra el Ambiente, constituida en Tribunal de Amparo, dictó el auto de dieciocho de abril de dos mil trece, por el que otorgó amparo provisional, al solicitante de amparo, precisándose en dicha resolución, como efectos positivos de la protección constitucional interina otorgada los siguientes: *"**a.** la **suspensión del acto reclamado** consistente en la resolución de fecha diecinueve de marzo del presente año, dictada dentro del proceso número un mil setenta y seis guión dos mil once guión quince (01076-2011-00015 oficial segundo) dictado por el Tribunal Primero de Sentencia Penal, Narcoactividad y Delitos contra el Ambiente, la cual declara sin lugar el recurso de reposición y se confirma la resolución de esa misma fecha por medio de la cual se ordena separar al abogado defensor Francisco García Gudiel de ejercer la defensa del accionante; **b.** la **suspensión provisional de la audiencia de debate** del proceso supra identificado hasta que éste proceso se encuentre en estado de resolver"*. Lo realzado no aparece así en el texto original de la resolución antes relacionada, pero la utilidad de destacar frases es para precisar, en su debido contexto, que los efectos del amparo provisional otorgado en auto de dieciocho de abril de dos mil trece son efectos esencialmente suspensivos de la tramitación del proceso penal (en este caso, de la audiencia de debate oral y público) subyacente al proceso de amparo, efectos que esta Corte aclara, en atención a la naturaleza propia de aquella protección interina, debían mantenerse: i) hasta que esa protección fuese revocada, bien por el propio tribunal que la decidió o en apelación por esta Corte; ii) hasta que el fallo de primera instancia del proceso de amparo quedase firme; y iii) hasta que el fallo de segundo grado, en caso de apelación de la sentencia, quedase firme; c) el auto por el que se otorgó amparo provisional fue notificado al Tribunal Primero de Sentencia Penal, Narcoactividad y Delitos contra el Ambiente del departamento de Guatemala el diecinueve de abril de dos mil trece. Esta Corte considera de suyo relevante precisar en este auto esa fecha, pues fue a partir de ese día que el trámite del proceso penal necesariamente debió quedar suspendido de forma provisional, habida cuenta que la decisión de otorgamiento de amparo provisional, por su propia naturaleza jurídica, es una decisión que tiene efecto inmediato. De ahí que en la intelección de esta Corte es claro que la decisión de suspensión provisional ordenada en el numeral II del auto de dieciocho de abril de dos mil trece debió ser cumplida a partir del diecinueve de ese mismo mes y año, aún cuando hubiese sido apelada la decisión de otorgamiento de amparo provisional. Es de hacer notar que, en efecto, la audiencia de debate oral y público del proceso penal subyacente se suspendió desde la fecha antes indicada, pero esa suspensión no obedeció al acatamiento del amparo provisional decidido en la resolución de dieciocho de ese mismo mes y año, sino por decisión asumida *motu proprio* por la autoridad impugnada *"a la espera de lo que resuelva la Corte de Constitucionalidad"* respecto de lo decidido por el Juzgado Primero de Primera Instancia Penal, Narcoactividad y Delitos contra el Ambiente de Mayor Riesgo "A", que había decidido anular actuaciones del proceso penal antecedente a este proceso de amparo. Soslayando la orden de suspensión acordada al otorgarse amparo provisional, el treinta de abril de dos mil trece, la autoridad impugnada celebró audiencia en la que decidió, entre otros aspectos, la reanudación de aquel debate oral y público. Aquí puntualiza esta Corte que de haberse acatado la orden de suspensión en la fecha antes indicada, ello hubiese posibilitado: i) que si en segunda instancia aquella decisión se hubiese revocado, cesaba entonces el efecto suspensivo acordado en el numeral II del auto de dieciocho de abril de dos mil trece, y por ende, la audiencia de debate objeto de suspensión en el literal b. de aquel numeral podía continuar válidamente a partir de la fecha en que se notificara a la autoridad impugnada la revocación del amparo provisional; y c. que de haberse confirmado esa orden –como efectivamente ocurrió en auto de tres de mayo de dos mil trece, dictado por esta Corte en los expedientes acumulados 1563/1573-2013– no hubiese existido necesidad de tener qué anular actuaciones judiciales, si estas fueron realizadas con inobservancia de una orden de suspensión provisional que abarcaba tanto del acto reclamado como a la tramitación del proceso judicial en el que emitió aquel acto; d) al conocer en apelación del amparo provisional otorgado, esta Corte, como antes se indicó, por medio de auto de tres de mayo de dos mil trece (Expedientes acumulados 1563/1573-2013), confirmó aquella decisión *"en los mismos términos [es decir,* ***suspendiendo*** *tanto el acto reclamado como la tramitación de la audiencia de debate del proceso penal antecedente] decretados en primera instancia"*. Con esta última decisión quedó debidamente respaldada la decisión de suspensión, tanto del acto reclamado, como de la continuidad del proceso penal subyacente en el que se emitió aquel acto; y e) del expediente judicial remitido por la autoridad ocursada, también se puede determinar la existencia de tres informes que el Tribunal Primero de Sentencia Penal, Narcoactividad y Delitos contra el Ambiente del departamento de Guatemala rindió a la Sala Tercera de la Corte de Apelaciones del Ramo Penal, Narcoactividad y Delitos contra el Ambiente constituida en Tribunal de Amparo. Esos tres informes son los fechados el treinta de abril y siete y ocho de mayo, todos de dos mil trece. En el primer informe, el Tribunal Primero de Sentencia Penal, Narcoactividad y Delitos contra el Ambiente del departamento de Guatemala admite expresamente no haber cumplido con lo decidido por la Sala Tercera de la Corte de Apelaciones del Ramo Penal, Narcoactividad y Delitos contra el Ambiente, constituida en Tribunal de Amparo, en el numeral II del auto de dieciocho de abril de dos mil trece (Cfr. folio 211, de la pieza II del expediente de amparo remitido por la autoridad ocursada), y esgrime razones por las que no se dio cumplimiento a ese amparo provisional. En el segundo y tercer informes antes aludidos, el Tribunal Primero de Sentencia Penal, Narcoactividad y Delitos contra el Ambiente del departamento de Guatemala hace alusión expresa –en ambos informes– a una resolución dictada por ese mismo tribunal en audiencia celebrada el treinta de abril de dos mil trece, por la cual declaró sin lugar un recurso de reposición, y en cuya motivación se indica no haber dado cumplimiento a lo decidido en el numeral II de la resolución de dieciocho de abril de dos mil trece, que otorgó amparo provisional (Véase folios 286 y 341 de la pieza II del expediente de amparo remitido por, la autoridad ocursada).

Como se puede colegir, los tres informes tienen como denominador común el que en ellos el Tribunal Primero de Sentencia Penal, Narcoactividad y Delitos contra el Ambiente del departamento de Guatemala, admite ante la autoridad ocursada no haber cumplido con lo ordenado por la Sala Tercera de la Corte de Apelaciones del Ramo Penal, Narcoactividad y Delitos contra el Ambiente, constituida en Tribunal de Amparo, en el literal b del numeral II del auto de dieciocho de abril de dos mil trece, posteriormente confirmado por esta Corte en auto de tres de mayo de dos mil trece (Expedientes acumulados 1563/1573-2013), esto es, concretamente, el suspender la tramitación de la audiencia de debate oral y público del proceso penal en el que se dictó el acto reclamado, lo cual, en acatamiento de esa orden, debió realizar desde el diecinueve de abril de dos mil trece.

-V-

En ese orden de ideas, debe enfatizarse que la garantía constitucional del debido proceso impone propiciar la efectividad (mediante la ejecución debida) de las decisiones judiciales. A esta Corte, por previsión del artículo 72 de la Ley de Amparo, Exhibición Personal y de Constitucionalidad corresponde velar por que tanto en la tramitación de un proceso de amparo como en la ejecución de lo decidido en ese proceso, los tribunales cumplan con observar disposiciones legales aplicables así como propiciar la efectividad antes dicha. Si ello no ocurre, corresponde a la Corte de Constitucionalidad posibilitar, mediante la declaratoria de procedencia de un ocurso de queja, la debida ejecución de las decisiones antes indicadas. Ello es aún más relevante, como se dijo al inicio del segmento considerativo de este auto, cuando aquellas decisiones han sido objeto de respaldo instancial por parte de este tribunal. De esa manera se pretende, al declarar procedente un ocurso de queja instado por denuncia de falta de ejecución como el que aquí se conoce, que no se torne inane lo preceptuado en el artículo 185 de la Ley de Amparo, Exhibición Personal y de Constitucionalidad por la particular interpretación que tribunales de justicia quieran dar a las decisiones asumidas por esta Corte.

En el caso bajo examen, esta Corte ha determinado que por expresa manifestación del Tribunal Primero de Sentencia Penal, Narcoactividad y Delitos contra el Ambiente del departamento de Guatemala en los informes fechados el treinta de abril y siete y ocho de mayo, todos de dos mil trece, rendidos al tribunal de amparo de primer grado, el tribunal de sentencia denunciado en amparo claramente admitió no haber cumplido con una decisión de amparo provisional, dictada en el auto de dieciocho de abril de dos mil trece por la Sala Tercera de la Corte de Apelaciones del Ramo Penal, Narcoactividad y Delitos contra el Ambiente, constituida en Tribunal de Amparo, decisión que, incluso, fue confirmada por esta Corte *"en los mismos términos* [suspensivos de la audiencia de debate oral y público] en los que aquélla fue otorgada. (*Cfr.* auto de tres de mayo de dos mil trece, dictado por esta Corte en los expedientes acumulados 1563/1573-2013). Consta en aquellos informes que lejos de cumplir con lo ordenado, en ejecución del amparo provisional otorgado, prosiguió con la tramitación de la audiencia de debate oral y público del proceso penal subyacente. Esa continuación indebida, según tiene conocimiento esta Corte por razón de oficio, propició la continuación del debate oral y público suspendido así como la realización de posteriores actuaciones judiciales que también dieron lugar a nuevas impugnaciones, todo ello en detrimento de la certeza jurídica del proceso penal antecedente, y que en nada coadyuva al cumplimiento de lo establecido en el artículo 203 constitucional: administrar una pronta y cumplida justicia. He ahí entonces la relevancia de que una decisión de amparo provisional deba ser efectivamente cumplida, no de acuerdo con un criterio antojadizo de quien debe cumplirla, sino acatándola en sentido estricto dentro de los lineamientos del órgano jurisdiccional que la emitió.

Esto último es pertinente en el caso concreto, en el cual el Tribunal Primero de Sentencia Penal, Narcoactividad y Delitos contra el Ambiente del departamento de Guatemala pretendió justificar su incumplimiento apoyándose en lo resuelto por esta Corte en sendos autos de veintidós y veintitrés de abril, ambos de dos mil trece (Expedientes 1248-2013 y 1326-2013, respectivamente). En uno de estos –que es el que al caso bajo examen interesa– se había denegado amparo provisional en este proceso de amparo (*Cfr.* resolución de veintiséis de marzo de dos mil trece, dictada por la Sala Tercera de la Corte de Apelaciones del Ramo Penal, Narcoactividad y Delitos contra el Ambiente, constituida en Tribunal de Amparo) decisión que fue revocada por esta Corte en el auto de veintidós de abril de dos mil trece antes aludido, con el efecto de ordenar a la autoridad impugnada, en un plazo perentorio, reencausar lo decidido en el acto reclamado por la vía del debido proceso y del derecho de defensa. En igual sentido (pero para distinto acto reclamado) se resolvió en el auto de veintitrés de abril de dos mil trece (Expediente 1326-2013). Sin embargo, cabe destacar que para este tribunal el debido cumplimiento de estos autos no implicaba desatención de la orden de suspensión del debate oral y público en el proceso penal antecedente, sobre todo porque: **a**) al dar cumplimiento de lo indicado en aquellos autos debía tomarse en cuenta que la restitución del abogado defensor que se pretendió materializar en la audiencia de debate, bien podía hacerse sin necesidad de tener que continuar con aquella audiencia, sino más bien, ello pudo realizarse dictando una resolución por la que reencausando el trámite de la audiencia antes aludida, se permitiera, al proseguirse con el trámite de aquella, la presencia del abogado defensor de confianza del solicitante de amparo, dejándose, en consecuencia, sin efecto (en esa misma resolución) las órdenes de que aquél abandonara la Sala en la que se estaba realizando esa audiencia y las dirigidas a abogados defensores del otro coprocesado, para que asumieran la defensa técnica de quien solicita amparo; y **b**) la orden de suspensión antes aludida, que era consecuencia de una decisión asumida por el tribunal de amparo de primer grado, distinta de la que había sido objeto de revocación, y que en la fecha del diecinueve de abril de dos mil trece no había sido revocada, ni por el tribunal *a quo* ni por este tribunal.

Todo lo anterior evidencia la falta de sustentación jurídica en la que se pretendió apoyar el incumplimiento del amparo provisional otorgado por la Sala Tercera de la Corte de Apelaciones del Ramo Penal, Narcoactividad y Delitos contra el Ambiente, constituida en Tribunal de Amparo, en auto de dieciocho de abril de dos mil trece.

-VI-

El debido proceso legal se considera importante para determinar la pertinencia o no de lo resuelto por la autoridad ocursada en el numeral III del auto de nueve de mayo de dos mil trece, por la que se indica que *"la autoridad impugnada sí cumplió con lo ordenado por esta Sala [pero] en la sentencia de fecha seis de mayo del año dos mil trece, específicamente en dar trámite a la recusación y solicitud de excusa presentada por el abogado Francisco García Gudiel y en contra de los integrantes de ese Tribunal tal y como se le ordenó en la sentencia aludida".*

Al analizar el informe rendido por la autoridad contra la que se promovió amparo, fechado el ocho de mayo de dos mil trece, esta Corte ha podido determinar que tampoco se dio cumplimiento a lo resuelto en la sentencia de seis de mayo del año antes citado. Se sustenta la anterior afirmación en las siguientes razones: **a**) en ese fallo se indicó que el otorgamiento de la protección constitucional a través del amparo implica[ba] lo siguiente: que el tribunal impugnado en amparo debía *"darle trámite a la recusación y solicitud de excusa presentada por el abogado ya mencionado y en contra de los integrantes* (sic) *de ese Tribunal de Sentencia que también fueron mencionados conforme lo establece el artículo 150 bis del Código Procesal Penal, siguiendo en esta misma línea y de conformidad con el artículo 67 del Código Procesal Penal"* (*Cfr.* Folio 268 vuelto, de la pieza II, del expediente de amparo remitido por la autoridad ocursada); y **b**) en el informe antes aludido, el tribunal impugnado en amparo indica haber dictado resolución en audiencia oral de ocho de mayo de dos mil trece, por la que, en su segmento considerativo, aduce haber rechazado de plano aquella recusación –esto es, sin conferir las audiencias a que se alude en el artículo 150 *bis* del Código Procesal Penal–, y además, entre otras, indica que la audiencia de debate oral y público debía continuar, no obstante que esta Corte ha podido determinar que en la sentencia antes indicada se precisó claramente que *"se reitera la suspensión de la audiencia de debate hasta que dicha recusación sea conocida en las etapas y resuelta conforme a la ley"* (lo realzado no aparece así en el texto original). Se indicó, además en el segmento considerativo de la resolución de ocho de mayo de dos mil trece, que *"la suspensión temporal del Debate* [era] *para dar cumplimiento de las resoluciones de fechas 22 y 23 de abril de 2013 emitidas por la Corte de Constitucionalidad, situación que ya se ha cumplido en audiencia de fecha 30 de abril de 2013"*, y con esa base se resolvió: *"I) Se ha cumplido con la orden emanada por la Sala Tercera de la Corte de Apelaciones del Ramo Penal,* (sic) *constituida en Tribunal de Amparo, habiéndose otorgado al abogado* GARCÍA GUDIEL *la palabra para efectuar recusación"*, (*Cfr.* folios 332 al 334 de la pieza II del expediente de amparo remitido por la autoridad ocursada), soslayándose así que, según se pudo determinar por esta Corte, al escucharse el audio de la audiencia de diecinueve de marzo de dos mil trece, la recusación a que se hace alusión en la sentencia de amparo fue presentada en esa misma fecha (diecinueve de marzo de dos mil trece), de manera que no existía obligación de volverla a realizar, sino más bien, lo que debió hacerse es admitir para su trámite aquella recusación, posteriormente conferir las audiencias respectivas y resolver aquélla en congruencia con lo establecido en los artículos 67 y 150 *bis*, ambos del Código Procesal Penal.

-VII-

Por lo anterior, resulta evidente para esta Corte que la autoridad ocursada no ha propiciado el cumplimiento (debida ejecución) de sus propias decisiones. Por ello, es procedente declarar con lugar el presente ocurso de queja, y como efecto positivo dejar sin vigencia el numeral III de la resolución de nueve de mayo de dos mil trece, por el que la Sala Tercera de la Corte de Apelaciones del Ramo Penal, Narcoactividad y Delitos contra el Ambiente, constituida en Tribunal de Amparo, se pronunció sobre el debido cumplimiento de la sentencia dictada por ese tribunal el seis de mayo de dos mil trece, y ordenar a la referida Sala que en el plazo de veinticuatro horas de notificado este auto, dicte nueva resolución, en sustitución de la que quedó sin efecto, por lo que con fundamento en lo establecido en el artículo 55 de la Ley de Amparo, Exhibición Personal y de Constitucionalidad, asuma las siguientes medidas para el efectivo cumplimiento del amparo provisional otorgado por ese tribunal: a) anule lo actuado en la fase de debate oral y público del proceso penal subyacente al proceso de amparo, a partir del diecinueve de abril de dos mil trece, quedando anulado todo lo actuado en ese proceso penal con posterioridad a esa fecha, por ser ésta en la que fue notificado el Tribunal Primero de Sentencia Penal, Narcoactividad y Delitos contra el Ambiente del departamento de Guatemala, de la decisión suspensiva de ese proceso penal, contenida en auto de dieciocho de abril de dos mil trece, dictado por la Sala Tercera de la Corte de Apelaciones del Ramo Penal, Narcoactividad y Delitos contra el Ambiente, constituida en Tribunal de Amparo, confirmada en auto de tres de mayo de dos mil trece, dictado por esta Corte en los expedientes acumulados 1563/1573-2013; b) ordene al Tribunal Primero de Sentencia Penal, Narcoactividad y Delitos contra el Ambiente del departamento de Guatemala dictar resolución en la cual, para reponer las actuaciones anuladas, y para la debida certeza del proceso penal antecedente, decrete la suspensión provisional de ese proceso penal, hasta la fecha en la que esté firme el fallo de segundo grado que debe emitirse en el proceso constitucional de amparo promovido por José Efraín Ríos Montt, librándole para ello el oficio correspondiente; y c) conmine al Tribunal Primero de Sentencia Penal, Narcoactividad y Delitos contra el Ambiente del departamento de Guatemala a dar exacto cumplimiento a lo resuelto, en el plazo de veinticuatro horas contadas a partir del momento en que en ese órgano jurisdiccional se reciba el oficio relacionado en el numeral precedente, bajo apercibimiento de que si dicho tribunal no cumple con esa orden en el plazo antes indicado, operará para quienes integran ese tribunal lo previsto en el literal b) del artículo 50 de la Ley de Amparo, Exhibición Personal y de Constitucionalidad, sin perjuicio de las responsabilidades civiles y penales consiguientes que tal incumplimiento pudiera originar.

Leyes aplicables

Artículos citados y 140, 141, 152, 153, 154, 204, 265, 268 y 272 de la Constitución Política de la República; 72, 149, 163 y 185 de la Ley de Amparo, Exhibición Personal y de Constitucionalidad.

Por tanto

La Corte de Constitucionalidad, con base en lo considerado y leyes citadas, resuelve: I. Con lugar el ocurso de queja promovido por José Efraín Ríos Montt contra la Sala Tercera de la Corte de Apelaciones del Ramo Penal, Narcoactividad y Delitos contra el Ambiente, constituida en Tribunal de Amparo. II. Deja sin efecto el numeral III de la resolución de nueve de mayo de dos mil trece, por el que la Sala Tercera de la Corte de Apelaciones del Ramo Penal, Narcoactividad y Delitos contra el Ambiente, constituida en Tribunal de Amparo, se pronunció sobre el debido cumplimiento de la sentencia dictada por ese tribunal el seis de mayo de dos mil trece. III. Ordena a la Sala Tercera de la Corte de Apelaciones del Ramo Penal, Narcoactividad y Delitos contra el Ambiente, constituida en Tribunal de Amparo, que en el plazo de veinticuatro horas de notificada de este auto, dicte resolución en sustitución del numeral III que quedó sin efecto, por la cual, con fundamento en lo establecido en el artículo 55 de la Ley de Amparo, Exhibición Personal y de Constitucionalidad, asuma las siguientes medidas para el efectivo cumplimiento del amparo provisional otorgado por esa Sala en auto de dieciocho de abril de dos mil trece, cuyo otorgamiento fuera confirmado por esta Corte en auto de tres de mayo de dos mil trece (Expedientes acumulados 1563-2013 y 1573, 2013): a) anule todo lo actuado en la fase de debate oral y público del proceso penal subyacente al proceso de amparo, a partir del diecinueve de abril de dos mil trece, quedando anulado todo lo actuado en ese proceso penal con posterioridad a esa fecha, por ser ésta en la que fue notificado el Tribunal Primero de Sentencia Penal, Narcoactividad y Delitos contra el Ambiente del departamento de Guatemala, de la decisión suspensiva de ese proceso penal, contenida en auto de dieciocho de abril de dos mil trece, dictado por la Sala Tercera de la Corte de Apelaciones del Ramo Penal, Narcoactividad y Delitos contra el Ambiente, constituida en Tribunal de Amparo, confirmada en auto de tres de mayo de dos mil trece, dictado por esta Corte en los expedientes acumulados 1563/1573-2013; b) ordene al Tribunal Primero de Sentencia

Penal, Narcoactividad y Delitos contra el Ambiente del departamento de Guatemala dictar resolución en la cual, para la debida certeza del proceso penal antecedente, decrete la suspensión provisional de ese proceso penal hasta la fecha en la que esté firme el fallo de segundo grado dictado en el proceso constitucional de amparo promovido por José Efraín Ríos Montt, librándole para ello el oficio correspondiente; c) conmine al Tribunal Primero de Sentencia Penal, Narcoactividad y Delitos contra el Ambiente del departamento de Guatemala a dar exacto cumplimiento a lo resuelto, en el plazo de veinticuatro horas contadas a partir del momento en que en ese tribunal se reciba el oficio relacionado en el numeral precedente, bajo apercibimiento de que si dicho tribunal no cumple con esa orden en el plazo antes indicado, operará para quienes integran ese tribunal lo previsto en la literal b) del artículo 50 de la Ley de Amparo, Exhibición Personal y de Constitucionalidad, sin perjuicio de las responsabilidades civiles y penales consiguientes que tal incumplimiento pudiera originar. IV. La autoridad ocursada debe, dentro de los cinco días de notificado este auto, remitir a esta Corte informe circunstanciado sobre el efectivo cumplimiento de lo aquí decidido. V. La Corte de Constitucionalidad se reserva el derecho de asumir las medidas pertinentes, con fundamento en los artículos 50, 53, 54 y 55 de la Ley de Amparo, Exhibición Personal y de Constitucionalidad, para la debida ejecución de lo aquí ordenado. VI. Notifíquese al ocursante, a la autoridad ocursada y a las demás partes vinculadas al proceso de amparo. En su oportunidad, remítase certificación de lo resuelto y los antecedentes del caso al Tribunal de origen.

Héctor Hugo Pérez Aguilera
Presidente

Roberto Molina Barreto
Magistrado

Gloria Patricia Porras Escobar
Magistada
Voto razonado disidente

Alejandro Maldonado Aguirre
Magistrado

Mauro Roderico Chacón Corado
Magistrado
Voto razonado disidente

Voto razonado disidente de la magistrada Gloria Patricia Porras Escobar

Expediente 1904-2013

Disiento de la resolución emitida por esta Corte el veinte de mayo de dos mil trece, en el expediente relacionado, mediante la cual se declara con lugar el ocurso en queja promovido por José Efraín Ríos Montt contra la Sala Tercera de la Corte de Apelaciones del ramo Penal, Narcoactividad y Delitos contra el Ambiente, dentro del amparo que el quejoso promovió contra el Tribunal Primero de Sentencia Penal; Narcoactividad y Delitos contra el Ambiente de Mayor Riesgo "A", por las siguientes razones:

A. **Actuación de la Corte de Constitucionalidad en el ocurso.**

1. Uno de los principios fundamentales de todo órgano jurisdiccional, y que no escapa al ámbito de la justicia constitucional, es el de congruencia entre lo resuelto y lo solicitado por los accionantes. Tal principio no riñe con lo regulado en el artículo 42 de la Ley de Amparo, Exhibición Personal y de Constitucionalidad, que establece que deben

examinarse los hechos, pruebas y actuaciones, y todo aquello que formal, real y objetivamente resulte pertinente, examinando todos los fundamentos de derecho aplicables, hayan sido o no alegados por las partes. De dicha cuenta, este Tribunal tiene la facultad de extenderse en el análisis de derecho aunque no haya sido invocado por las partes, con base en el principio *iura nuvit curia*; sin embargo, en ningún momento se habilita al Tribunal a modificar de oficio la base fáctica y los agravios que pueda resentir el peticionario.

2. En el presente caso, el ocursante manifestó su queja contra el Tribunal de Amparo de Primer Grado, enfatizando el incumplimiento de la orden emanada por dicho tribunal el dieciocho de abril de dos mil trece, mediante la cual otorgó amparo provisional. El ocursante centra su queja en cuanto que la Sala de Tercera de la Corte de Apelaciones del ramo Penal, Narcoactividad y Delitos contra el Ambiente, constituida en Tribunal de Amparo, no resolvió sus solicitudes de debida ejecución del amparo provisional referido; sin embargo, quienes por mayoria otorgan el presente ocurso, establecen de oficio una nueva queja consistente en la resolución de fecha nueve de mayo de dos mil trece, en la que se indicó por parte de la referida autoridad que la sentencia de seis de mayo de ese mismo año sí fue debidamente ejecutada. En la resolución de la cual disiento, los alcances en su parte resolutiva, se extienden a anular el numeral III de dicha resolución, aun cuando esto no fue objeto del ocurso.

3. La resolución da por sentadas actuaciones que no corresponden a las constancias procesales, pues

al emitir esta decisión acoge la pretensión tendensiosa del amparista de indicar como acto reclamado la resolución que declaró sin lugar un recurso de reposición que interpuso contra la negativa de admitir para su trámite, una solicitud de recusación formulada por su abogado defensor; situación que no es verídica, pues en el audio de la grabación de la audiencia respectiva se comprueba que dicha reposición fue únicamente contra la decisión del tribunal de sentencia que ordenaba la expulsión del abogado defensor del procesado, no así, contra la decisión relacionada a la recusación.

4. No puedo dejar de señalar que el incumplimiento que se le atribuye a la Sala tiene sustento en una interpretación ambigua y extemporánea emitida por quienes por mayoría aprueban la resolución de la que disiento. En resolución de veintidós de abril de dos mil trece, esta Corte se limitó a ordenar al Tribunal de Sentencia correspondiente; que "reencauce por la vía del debido proceso y del derecho de defensa el acto reclamado". Esta decisión fue adoptada por mayoría de esta Corte, y es evidente que quien conoce el proceso penal es el Tribunal de la Justicia Ordinaria, quien debe ejecutar la orden emanada por esta Corte; sin embargo, en la resolución de la cual disiento, de forma tardía y extemporánea, quienes aprueban esta resolución, le dan una interpretación diferente a la que discutió cuando se emitió la resolución originaria por el pleno. En esta interpretación, que no comparto, se indica que el Tribunal de Sentencia al dar cumplimiento a la resolución citada, debió tomar en cuenta que la restitución del abogado defensor que se pretendió materializar

en la audiencia de debate, bien podía hacerse sin necesidad de continuar con la propia audiencia de debate, sino más bien, ello pudo realizarse con la emisión de una resolución (escrita) por la que reintegraba al defensor en su función y para cuando el juicio continuara. Esta interpretación no solo es tardía y extemporánea, por cuanto las resoluciones de la Corte de Constitucionalidad deben ser claras y precisas, de tal manera que se expliquen a sí mismas; sino que además, es contradictoria a lo que se ordenó anteriormente, que fue "reencauzar mediante el debido proceso". Estando el proceso penal en la fase del juicio o debate, según el debido proceso contenido en el Código Procesal Penal, todas las actuaciones y resoluciones deben hacerse en forma oral, de tal manera que era imprescindible que la restitución del abogado defensor y el trámite de la recusación se realizaran en audiencias orales que por su propia naturaleza forman parte del juicio. Con tal actuación, considero que la Corte está emitiendo una resolución que afecta la legalidad que rige el acto, y en consecuencia, perjudica el desarrollo de la justicia, que es un derecho fundamental consagrado en la Constitución Política de la República.

5. Adicionalmente, debe sumarse que la queja del ocursante se basa en la aparente falta de cumplimiento del Tribunal de Amparo de Primer Grado, en cuanto a resolver sus diversas solicitudes de ejecución del amparo provisional referido. Sin embargo, consta en los antecedentes que dicho Tribunal, para dar cumplimiento a lo que fue solicitado, requirió informe a esta Corte desde el treinta de abril de dos mil trece, para establecer

si se había confirmado o revocado la decisión relacionada. No obstante esta Corte omitió rendir el informe solicitado, procede ahora a otorgar el ocurso ordenando la suspensión del debate ya finalizado y la anulación de actuaciones, cuando lo que correspondería es remitir el informe y que sea la Sala la que verifique el debido cumplimiento del amparo provisional, de conformidad con el artículo 55 de la Ley de Amparo, Exhibición Personal y de Constitucionalidad.

B. **INSUBSISTENCIA DEL AGRAVIO POR HABER SIDO REPARADO COMO CONSECUENCIA DEL AMPARO PROVISIONAL OTORGADO EN EL EXPEDIENTE 1248-2013.**

1. La garantía constitucional de amparo, tiene como fin proteger a las personas contra amenazas de violaciones a sus derechos o, para restaurar el imperio de los mismos si la violación hubiere acaecido, por lo que, para su otorgamiento debe examinarse el acto señalado como agraviante, y solo en caso la amenaza o violación amerite un tratamiento inmediato, la ley de la materia prevé el otorgamiento del amparo provisional, como mecanismo de suspensión del acto agraviante, a fin de evitar la violación o restaurar los derechos conculcados.
2. En el caso *sub judice*, el otorgamiento del amparo provisional cuya indebida ejecución se denuncia en el presente ocurso, tenía como fin, esencialmente, restituir al postulante en los derechos que estimaba violados y que expresó en el acto reclamado, sin embargo estos derechos ya le fueron debidamente restituidos por el Tribunal de Sentencia refutado.

Lo anterior se comprueba con el oficio de dos de mayo de dos mil trece en el que informa a esta Corte, de la audiencia desarrollada el día treinta de abril del mismo año, en la que admitió nuevamente al abogado Francisco García Gudiel como defensor técnico de confianza del acusado José Efraín Ríos Montt; y en oficio de ocho de mayo de dos mil trece mediante el cual informa a esta Corte el contenido de la audiencia de esa misma fecha en la que resuelve la recusación planteada por los reclamantes; todo ello en cumplimiento de lo ordenado por esta Corte en los expedientes mil doscientos cuarenta y ocho — dos mil trece y mil trescientos veintiséis — dos mil trece (1248-2013 y 1326-2013), lo que a su vez era congruente con el amparo provisional otorgado por el Tribunal de Amparo de primer grado, el dieciocho de abril dos mil trece, pues tanto en el proceso de amparo donde se emitió el amparo provisional que se pretende ejecutar, como en los amparos conocidos por esta Corte en los expedientes citados, el acto reclamado era el mismo. Todo esto evidencia que al postulante del amparo se le restituyó en la situación juridica afectada y cesó el agravio invocado que le producía el acto reclamado. Por lo anterior, considero que este Tribunal se excede al otorgar el ocurso en queja planteado, toda vez que, lo que la justicia constitucional debe garantizar, es la restauración del derecho conculcado, lo cual efectivamente ya ocurrió como consecuencia de la protección provisional otorgada por esta Corte, en los expedientes indicados. La resolución de la que disiento, se aparta de toda lógica procesal, pues si el amparo promovido buscaba

a) la restauración del defensor, y b) que se le diera trámite a la recusación; ningún sentido tiene que una vez producidos estos actos y restituidos los derechos denunciados, el Tribunal de Sentencia suspendiera el juicio, pues esto último no era el objeto primordial en el amparo. Adicionalmente debe advertirse que la protección provisional decretada en resolución de dieciocho de abril de dos mil trece, por el Tribunal *a quo*, ordenaba suspender el proceso penal subyacente, hasta que este proceso (amparo) se encontrara en estado de resolver, lo cual ocurrió al concluir el plazo conferido a las partes, para evacuar la segunda audiencia dentro del proceso de amparo.

3. Asimismo, consta en el expediente de amparo, que la Sala Tercera de la Corte de Apelaciones del Ramo Penal, Narcoactividad y Delitos contra el Ambiente constituida en Tribunal de Amparo, dictó sentencia el seis de mayo de dos mil trece, en la que otorgó amparo definitivo, y en su parte resolutiva declaró entre otras cosas: "*...con el presente fallo al otorgar amparo definitivo se convalida la suspensión temporal del debate hasta que el mismo sea debidamente ejecutado conforme lo aquí considerado...*", y en la parte conducente del considerando IV, señaló: "*...El otorgamiento de la protección constitucional a través del amparo implica lo siguiente: Que el tribunal recurrido proceda de inmediato a restituir en el cargo de defensor técnico del procesado José Efraín Ríos Montt al abogado de su confianza, profesional del derecho Francisco García Gudiel y otorgarles todos los derechos y deberes inherentes al cargo establecidos en la Constitución Política de la República de Guatemala y en la misma resolución en congruencia con lo acá decidido, es decir, darle trámite a*

la recusación y solicitud de excusa presentada por el abogado ya mencionado ...". Lo anterior evidencia que, analizada íntegramente la sentencia referida, la suspensión del debate, se mantendría hasta en tanto se reparara el agravio, es decir que se conociera y decidiera sobre la restitución del abogado defensor del procesado José Efraín Ríos Montt y se tramitara la excusa y recusación por él planteada; a lo que el Tribunal Primero de Sentencia Penal, Narcoactividad y Delitos contra el Ambiente de Mayor Riesgo, ya dio cumplimiento según se advierte de los informes rendidos por ese órgano jurisdiccional a la Sala ocursada con fechas siete y ocho de mayo de dos mil trece.

4. Por otra parte, según se desprende de los antecedentes, esta sentencia únicamente fue apelada por parte de el Abogado Danilo Rodríguez Gálvez, quien manifestó en su escrito de apelación: *"...Estoy de acuerdo con la sentencia dictada en cuanto a que otorgó la protección constitucional solicitada y demás pronunciamientos contenidos relacionados con ello, en el por tanto de la misma y la orden de suspensión del debate ordenado por este Tribunal Constitucional. Sin embargo disiento de lo dispuesto en el numeral V) del Por Tanto toda vez que se omite la condena en constas y se hace relación a lo dispuesto por el artículo 48 de la Ley de Amparo, Exhibición Personal y de Constitucionalidad (...) Por lo anterior, planteo el presente recurso en contra del numeral V de la parte declarativa (Por Tanto) de la sentencia..."* En consecuencia, es indiscutible que la única parte de la sentencia que no ha quedado firme es el numeral V) de la parte resolutiva, por haber sido objeto de impugnación y ser el único punto sobre el que esta Corte está pendiente de

emitir pronunciamiento. Esto implica que al haber quedado firme el resto de la sentencia relacionada, todas las partes consintieron que la restitución del defensor y el trámite a la recusación son los dos actos que el Tribunal debía desarrollar para restaurarle al amparista sus derechos; y, según esta sentencia que ya se encuentra firme, el debate debía haberse suspendido hasta que se ejecutara el mismo; es decir, que se ejecutaran los dos actos anteriormente mencionados. Al comprobarse que en las audiencias de treinta de abril y ocho de mayo de este año, tales actos ya fueron ejecutados y restaurados los derechos del amparista, la suspensión del juicio ya no tenía objeto a partir del cumplimiento de éstos, por lo que considero que esta Corte no tiene sustento alguno para entorpecer el desarrollo de la justicia ordinaria utilizando un amparo provisional *in nane* o sin sentido pues contrario a restituir las violaciones que se denunciaron, resulta gravoso para las víctimas.* Adicionalmente consta en los antecedentes que esta Corte tiene a la vista, que entre el día diecinueve de abril de dos mil trece, fecha en la que fue notificado el amparo provisional que se pretende ejecutar, y el treinta de abril del mismo año, fecha en la que el tribunal restituyó al abogado defensor en el ejercicio de su función, no se desarrolló ningún acto procesal, por lo que el juicio estuvo suspendido. Es irrelevante si tal suspensión obedeció a otras circunstancias o no, pues lo que busca la justicia

* En igual sentido me pronuncié en el voto razonado que emití dentro del expediente acumulado 1563-2013 y 1573-2013, con fecha 3 de mayo de 2013.

constitucional es la reparación del agravio, lo cual queda en evidencia que se logró a partir del cumplimiento del amparo provisional ordenado por esta Corte con anterioridad.

5. Lo expuesto en la última parte del numeral anterior, deriva que el Tribunal Constitucional, al resolver sobre la anulación y suspensión de las actuaciones del Tribunal de Sentencia, está dejando desprotegidas a las víctimas de su derecho constitucional de acceso a la justicia, pues el Tribunal de Sentencia relacionado, al haber ejecutado los amparos provisionales otorgados en los diferentes procesos de amparo citados, estaba habilitado para continuar el juicio, el cual, ya culminó con una sentencia de primer grado, y se había señalado la audiencia para la reparación de las víctimas que acudieron al sistema de justicia penal. Este es el espíritu que inspira el artículo 2 de la Constitución Política de la República, que establece el deber del Estado para sus habitantes de garantizarles, entre otros derechos, la justicia y la seguridad. La propia Corte de Constitucionalidad lo ha reconocido, entre otras, en la sentencia del veinte de noviembre de dos mil siete, expediente doscientos treinta y cinco, guión dos mil siete, y, al desarrollar el artículo 2 en mención ha indicado que *"El Estado tiene la obligación de garantizar la justicia a los habitantes de la República, debiendo adoptar las medidas que estime pertinentes para hacerlo y según lo demandan las condiciones y necesidades del momento, Lo anterior genera seguridad jurídica, el que consiste en la confianza que tiene el ciudadano hacia el ordenamiento jurídico dentro de un Estado de Derecho."*

6. Por último, derivado de esta resolución por medio de la cual la Corte por mayoría decide ordenar la suspensión del proceso y la anulación de todo lo actuado a partir del diecinueve de abril del dos mil trece, es incongruente con lo resuelto por esta Corte en autos de veintidós y veintitrés de abril del mismo año, dictados en expedientes un mil doscientos cuarenta y ocho - dos mil trece y, un mil trescientos veintiséis - dos mil trece, los cuales fueron ejecutados debidamente por la autoridad impugnada el treinta de abril del año en curso, por lo que es evidente que lo que se pretendía mediante la presentación del amparo, no era la suspensión del juicio, sino la reparación del agravio consistente en la restitución del abogado en su función, actuación que de forma inédita esta Corte está mandando a anular con la resolución de la que disiento; elevando a categoría de agravio independiente la no suspensión del debate y privilegiándolo sobre el agravio denunciado en el amparo.

C. **NO RESULTA PERTINENTE LA ANULACION DE ACTUACIONES MEDIANTE EL OCURSO, PUES EXISTEN EN LA VÍA ORDINARIA, LOS MEDIOS LEGALES PARA TAL FIN.**

Estimo que este Tribunal se excedió al anular actuaciones dentro del proceso penal subyacente, pues con ello entra en el ámbito que corresponde a la jurisdicción ordinaria, pues esta a través de los recursos que la Ley de la materia establece puede anular actuaciones en caso de advertir errores en el trámite del juicio que así lo ameriten, y solo agotadas las instancias de ley respectivas, procedería acudir a la vía constitucional dada su naturaleza subsidiaria y extraordinaria. Si las partes consideran que en la tramitación del proceso existieron vicios de procedimiento, tienen a su alcance los recursos ordinarios mediante los cuales pueden hacer valer tal extremo, y es el tribunal de segunda instancia el que debe verificar si existe justificación o no para anular las actuaciones.

D. **EN CUANTO A LA DEBIDA EJECUCION DE LA SENTENCIA:**

De los antecedentes se advierte que previo a venir en ocurso, el recurrente acudió al Tribunal de Amparo de Primer grado, a solicitar la debida ejecución de la protección otorgada, para lo cual el Tribunal relacionado, requirió los informes pertinentes a la autoridad obligada, concluyendo mediante decisión de nueve de mayo de dos mil trece: *"Del análisis de la información proporcionada en los dos informes remitidos por el Tribunal supra identificado y los argumentos vertidos por las partes, los suscritos concluimos que la autoridad impugnada sí cumplió con lo ordenado por esta Sala en sentencia de fecha seis de mayo del año dos mil trece, específicamente en dar trámite a la recusación y solicitud de excusa presentada por el abogado Francisco García Gudiel y en contra de los integrantes de ese Tribunal tal como se le ordenó en la sentencia aludida..."*. Esto, a mi juicio, reafirma lo que enfaticé en la literal A) del presente voto razonado, pues el propio Tribunal de Amparo de primer grado, consideró que sí se había cumplido con la restauración de los derechos que se habían denunciado violados, por lo que me parece inexplicable que sin sentido alguno se pretenda suspender un proceso en el que ya no subsisten derechos vulnerados.

E. El conflicto de las resoluciones que otorgan el amparo provisional en relación al mismo acto reclamado:

Derivado de la tramitación del amparo, promovido por Efraín Ríos Montt, y que fuera conocido en primera instancia por la Sala Tercera de la Corte de Apelaciones del Ramo Penal, Narcoactividad y Delitos contra el Ambiente, dentro del expediente identificado como 1019-2013-00030, se originaron dos resoluciones conteniendo pronunciamiento sobre el amparo provisional solicitado: i) auto de fecha veintidós de abril de dos mil trece, dictado dentro del expediente 1248-2013, en el que ordenó dejar en suspenso el acto reclamado y reencauzar por la vía del debido proceso y del derecho de defensa, sin suspender el debate y; ii) la resolución de dieciocho de abril de dos mil trece, dictada por el Tribunal de Amparo de primer grado (confirmada por esta Corte el tres de mayo del mismo año en expedientes acumulados 1563-2013 y 1573-2013), que ordenó la suspensión del acto reclamado y la suspensión provisional de la audiencia de debate hasta que ese proceso estuviera en estado de resolver. Tales resoluciones, con efectos diferentes, provocaron que la autoridad impugnada, tuviera que decidir a cuál dar exacto cumplimiento, habiendo resuelto darle prevalencia a lo dispuesto por esta Corte, dentro del expediente 1248-2013, relacionado, por ser la Corte de Constitucionalidad el órgano con mayor jerarquía dentro de la justicia constitucional; y tomando en consideración que ambas resoluciones se originaban del mismo proceso y buscaban un mismo fin. Dicha actuación, a mi juicio, es acertada pues es congruente con lo que establecen los artículos 268 y 272 inciso c) de la Constitución Política de la República y el 163 inciso c) de la Ley de Amparo, Exhibición Personal y de Constitucionalidad.

La autoridad impugnada actuó pues dentro del marco de sus funciones y con una interpretación adecuada del orden jerárquico de las instituciones y de las resoluciones en el marco de la justicia constitucional; y su decisión de darle prevalencia a la resolución de esta Corte, es constitucionalmente válida, no solo por su jerarquía institucional, sino porque el agravio que reparan ambas resoluciones fueron subsanados con la ejecución de lo dispuesto por esta Corte. Por lo anterior considero que la autoridad impugnada, hizo una adecuada interpretación del derecho de justicia protegido constitucionalmente, el cual le asiste tanto al imputado como a las víctimas, conforme los principios propios del proceso penal, entre ellos el debido proceso, la imperatividad y la continuidad del proceso y sobre todo, observando los artículos, 3, 4, 13, 16, 19 y 21, del Código Procesal Penal.

Por todas estas razones, me aparto completamente del criterio de quienes por mayoría, deciden hoy ordenar la ejecución de un acto *in nane*, otorgando un ocurso cuyo efecto es devastador para el sistema de justicia ordinaria, pero aún más, para las víctimas que han confiado en dicho sistema; provocando así que sin razón alguna se anulen actuaciones desarrolladas en un proceso legal luego de haberse cumplido con restaurar los agravios que se pretendían en el proceso de amparo.

Guatemala 20 de mayo de 2013.

En uso de las facultades que me asisten solicito que se notifique el presente voto razonado juntamente con la sentencia.

Gloria Patricia Porras Escobar
Magistrada
Voto razonado disidente

Voto razonado disidente del magistrado Mauro Roderico Chacón Corado

Expediente 1904-2013

Dejo constancia de mi disidencia en relación con el auto dictado el veinte de mayo de dos mil trece por la Corte de Constitucionalidad en el expediente arriba identificado, mediante el cual declara con lugar el ocurso en queja promovido por José Efraín Ríos Montt contra la Sala Tercera de la Corte de Apelaciones del ramo Penal, Narcoactividad y Delitos contra el Ambiente, constituida en Tribunal de Amparo, para lo cual considero necesario realizar los razonamientos siguientes:

A) El ocurso en queja que se declara con lugar, a consecuencia del cual se dispone la anulación de actuaciones en el proceso penal subyacente al amparo en el que ha surgido el correctivo que se resuelve, no constituye sino una incidencia más en el trámite del proceso constitucional instado por el ahora quejoso contra el Tribunal de Sentencia que ha conocido de la causa penal incoada en su contra. Dicho proceso constitucional, como bien se indica expresamente en el auto respecto del cual disiento, ha finalizado en primera instancia con la emisión de la sentencia respectiva (dictada el seis de mayo del año en curso, es decir, con fecha anterior a la solicitud de debida ejecución promovida por el ahora ocursante, presentada el siete de mayo), la que ha sido apelada y que oportunamente será conocida en grado por esta Corte.

B) El auto fundamenta la estimación del ocurso en queja planteado en el derecho al debido proceso constitucionalmente garantizado, en cuanto impone la exigencia de propiciar la efectividad de las resoluciones de los tribunales, es decir, su ejecución en los términos precisos en que han sido dictadas. Ante ello, sin cuestionar la necesidad de que las decisiones judiciales sean debidamente ejecutadas por las autoridades y sujetos a los que van dirigidas, presupuesto ineludible de un Estado constitucional de Derecho, es menester señalar que los efectos que se otorgan a la decisión exceden aquel fin expresado. Así, aun afirmando que la autoridad impugnada no cumplió con el amparo provisional otorgado en primera instancia y confirmado por esta Corte, es manifiesta la falta de proporcionalidad de la decisión de anular actuaciones en el trámite de la causa penal subyacente al amparo (en la que incluso ha sido dictada la sentencia correspondiente) como efecto derivado de aquel incumplimiento. En todo caso, el incumplimiento advertido, lejos de incidir en la anulación de actuaciones que conlleva afectación directa a las partes que intervienen en el proceso ordinario, debe conllevar las consecuencias sobrevinientes para quien ha incumplido la orden emanada de la autoridad judicial; en otras palabras, ese incumplimiento de acatar el amparo provisional otorgado no debe suponer consecuencias que agraven la situación de quienes figuran como partes en el juicio penal subyacente, sino que ha de determinar, como única medida coherente con los fines de la Ley de Arnparo, Exhibición Personal y de Constitucionandad, y especialmente con el principio tutelar que impera en el trámite de las garantías constitucionales, la materialización de las consecuencias que el propio ordenamiento jurídico establece ante tales supuestos. En efecto, una vez determinado el incumplimiento por parte de la autoridad impugnada, la aplicación de aquellas consecuencias, que bien pueden ser de tipo sancionatorio, en armonía con la regulación aplicable, debe ser dispuesta por el Tribunal de Amparo de primer grado, en su carácter de órgano competente para la ejecución de lo resuelto (artículo 18 del Acuerdo 4-89 de esta Corte), incluida, de ser el caso, la certificación de lo conducente a donde corresponda en caso de estimar la comisión de algún ilícito (artículos 50, 51 y 54 de la Ley de Amparo, Exhibición Personal y de Constitucionalidad).

C) En consecuencia, reiterando que la garantía de los derechos constitucionales y, más aun, la confianza de la población en el sistema de justicia exigen la plena efectividad y cumplimiento de las resoluciones judiciales, considero que tal incumplimiento no puede acarrear consecuencias más gravosas aun para quien ha sufrido aquel incumplimiento; por el contrario, la necesaria confianza en el sistema judicial, con la subsiguiente prevalencia de los principios de seguridad y certeza jurídicas, se verán reforzadas con la disposición de los efectos sobrevinientes ante aquel incumplimiento, evidenciándose incluso un carácter preventivo frente a eventuales inobservancias de futuras decisiones judiciales dado el efecto nocivo (por su carácter sancionatorio) que conlleva para quien ha incumplido lo resuelto en el caso concreto, aun tratándose de autoridad judicial.

D) La decisión de la que disiento hace fundar los graves efectos que conlleva en el mero incumplimiento de lo ordenado al otorgarse el amparo provisional, es decir que no se evidencia que tal incumplimiento haya generado, en términos concretos, un agravio tal que amerite una decisión como la que se asume. Con lo anterior no se pretende afirmar que quien promueve ocurso en queja deba siempre argumentar y constatar la existencia de un agravio en su contra para la esimación de su queja, como si del propio amparo se tratara; sin embargo, dado el estado en que se encuentra el proceso constitucional (en el que la sentencia de primera instancia ha sido dictada) y, más aun, el estado en que se encuentra el proceso penal subyacente al amparo (cuya sentencia fue emitida ya por la autoridad impugnada), una medida como la que se asume, con los efectos que conlleva, hace exigible considerar la proporcionalidad de la consecuencia prevista con la causa que lo provoca. Al respecto, la propia Corte ha señalado: "El principio de proporcionalidad implica analizar la idoneidad del medio empleado, la necesidad y la ponderación (o proporcionalidad en sentido estricto)." (sentencia de seis de septiembre de dos mil doce, expedientes acumulados tres, cuatro y cincuenta y dos, todos del dos mil once). De esa cuenta, al analizar el caso concreto, no puede afirmarse que por el solo incumplimiento de la autoridad impugnada, sin mayores argumentos. y sin demostrar una situación que amerite anular actuaciones en un proceso penal en el que ha sido emitida sentencia, se dispongan tales medidas. Como corolario, reiterando lo antes dicho, es necesario que sin afectar el trámite normal del proceso subyacente al amparo, las consecuencias del incumplimiento de lo decidido en el trámite de este último pesen únicamente respecto de quien o quienes hayan incumplido lo dispuesto en las respectivas resoluciones judiciales.

E) No puede dejarse de lado que el propio ocursante, al promover la solicitud de debida ejecución ante el Tribunal de Amparo de primer grado, solicitó: "G.) D) Se haga efectivo el apercibimiento en contra" de los integrantes del Tribunal Primero de Sentencia en procesos de Mayor Riesgo, Grupo "A" del Departamento de Guatemala, en la forma siguiente: D.1) se imponga la multa de un mil quinientos quetzales para cada uno de los miembros del tribunal que constituye la autoridad recurrida; D.2) se certifique lo conducente por los delitos de desobediencia, prevaricato, resoluciones contrarias a la constitución y otros delitos que pudieron haberse cometido, y D.3) se separe del cargo a los tres integrantes de dicho Tribunal en aplicación de los dispuesto por el artículo 50 de la Ley de Amparo, Exhibición Personal y de Constitucionalidad." A partir de lo anterior, es evidente que la pretensión original del quejoso no ha sido que se ordene la anulación de actuaciones en el proceso penal, sino que se hagan efectivas las consecuencias que dispone la ley de la materia, como ha quedado asentado en las consideraciones anteriores. Sin embargo, es hasta la presentación de un memorial de "aclaración" del ocurso en queja presentado (cuestión de dudosa procedencia), que solicitó la "nulidad absoluta de lo actuado", figura que no regula la materia constitucional, igualando las actuaciones procesales a los elementos del negocio jurídico, lo que destaca la improcedencia de lo pretendido ante esta Corte.

F) Como lo he manifestado en anteriores votos razonados, es a los órganos de la justicia ordinaria a los que corresponde conocer de las vicisitudes originadas ante cuestiones de mera legalidad que bien pueden ser alegadas y resueltas con el planteamiento de los medios de impugnación configurados en las leyes procesales. En el caso concreto, si el incumplimiento que se adviene genera situaciones que determinen vulneración de los derechos de las partes o, incluso, vicios procesales que determinan la nulidad de lo actuado, es a quienes se consideren agraviados a los que corresponde instar (entendido como el derecho que tiene toda persona de dirigirse a la autoridad para obtener de ella, luego de un procedimiento, una respuesta cuyo contenido no se puede precisar de antemano), por vía de los recursos respectivos, el mecanismo mediante el cual los propios órganos de justicia ordinaria conozcan, resuelvan y decidan lo pertinente, en ejercicio de las competencias que les son propias y de las que deben permanecer ajenos los órganos de la justicia constitucional. A ese respecto, cabe reiterar lo que la propia Corte ha señalado, en uno de los fallos dictados durante la primera magistratura, en cuanto a que "no compete al amparo [y menos aún, a las incidencias que surjan en su trámite] sustituir a la tutela judicial ordinaria, de manera que cuando se reclama en esta vía una violación de garantías ocurridas en un proceso judicial ha de evitarse que se desvíe la finalidad de la justicia constitucional hacia el indebido propósito de que se revise el fondo de las resoluciones de los tribunales ordinarios, pues el tribunal de amparo no tiene como función decidir las pretensiones materiales de las partes en aquel proceso, sino examinar si se han respetado o no los derechos que la Constitución y las leyes garantizan y en su caso brindar la máxima protección en esta materia." (sentencia de trece de junio de mil novecientos ochenta y nueve, expediente cincuenta y cinco - ochenta y nueve).

G) Por último, en congruencia con los votos disidentes emitidos frente a anteriores decisiones de esta Corte en el caso concreto que ahora se analiza, reitero que el acto reclamado por el postulante del amparo no conlleva agravio alguno susceptible de ser reparado en sede constitucional, pues el abogado patrocinante del ahora quejoso conocía de antemano la integración del tribunal de sentencia a cargo del debate oral y público. Así las cosas, la intervención del abogado hasta la audiencia inicial del juicio oral tuvo como único objeto entorpecer el trámite normal de la causa, al punto de pretender plantear recusación y solicitud de excusa contra dos de los jueces que integran el órgano jurisdiccional cuando el plazo para tales solicitudes había precluido (artículos 65 y 346 del Código Procesal Penal, y 125 de la Ley del Organismo Judicial), empero, no invocó nada acerca de la falta de imparcialidad de los integrantes de dicho tribunal.

Guatemala, 20 de mayo de 2013.

Mauro Roderico Chacón Corado
Magistrado

Condenado por genocidio. Sentencia condenatoria en contra de José Efraín Ríos Montt (fragmentos), primera edición, se terminó de imprimir en junio de 2013, año del centenario del nacimiento de Manuel Galich y Jacobo Arbenz Guzmán. F&G Editores, 31 avenida "C" 5-54 zona 7, Colonia Centro América, 01007. Guatemala, Guatemala, C. A. Telefax: (502) 2439 8358 Tel.: (502) 5406 0909 informacion@fygeditores.com www.fygeditores.com

Otras publicaciones de F&G Editores

Violencia y genocidio en Guatemala
Victoria Sanford

La Masacre de Panzós: Etnicidad, tierra y violencia en Guatemala
Victoria Sanford

Guatemala: Causas y Orígenes del Enfrentamiento Armado Interno
Comisión para el Esclarecimiento Histórico

Conflicto armado interno y denegación de justicia
Comisión para el Esclarecimiento Histórico

Conclusiones y recomendaciones, Guatemala memoria del silencio
Comisión para el Esclarecimiento Histórico

El recurso del miedo. Estado y terror en Guatemala
Carlos Figueroa Ibarra

Guatemala: Linaje y racismo
Marta Elena Casaús Arzú

Genocidio: ¿La máxima expresión del racismo en Guatemala?
Cuadernos del Presente Imperfecto — 4
Casaús Arzú, Marta Elena

"Acabar hasta con la semilla" Comprendiendo el genocidio guatemalteco de 1982
Cuadernos del Presente Imperfecto — 10
Marc Drouin

Made in the USA
Monee, IL
18 October 2026

66035230R00121